# 얼굴 붉히는 봄바람

배종숙 제3시집

◆ 작가의 말

시는 언제나 마음의 등불입니다. 오늘도 가슴 뭉클하게 태양이 떠오르듯, 시는 제 삶 속에서 새로운 하루를 밝혀줍니다.

문학에 대한 시야를 넓혀가면서 새로운 작품을 접할 때면 깊은 물속을 헤엄치듯 한다. 무의식 속에 묻혀 있던 체험들이 뇌리를 자극하여 펜을 잡게 만든다. 매서운 한여름의 더위도 잊은 채 바쁘게 일하면서도 나만의 작품을 완성하기 위해 사랑을 읊조려 봅니다.

가슴에서 우러나오는 시심들이 날아갈세라 생각의 베갯잇에 머물게 하면서 예쁘게 옮겨 적을 때마다 자그만 소원을 이루듯 설렌다. 때로는 잡힐 듯하면서도 잡히지 않는 시간 속에서도 향기에 젖듯 이끌려 들어가는 시심이 있어 좋다. 그 시심이 곱게 줄을 설 때면 그 아름다움이란 한 송이 장미와도 같다.

그동안 시간을 쪼개가며 글귀 하나하나 찾는 과정들을 사랑한다. 자신을 위로한다는 마음으로 곱게 다듬는다. 저는 늘 시심 위에서 희망을 품으며, 심장이 뛰는 심장의 고동을 글로 옮깁니다.

그동안 제 작품을 아낌없이 성원해 주신 독자 여러분께 깊은 감사를 드립니다. 아름답고 향기로운 작품을 통해 문학의 작은 디딤돌이 될 수 있도록 창작해 나갈 것을 약속드립니다.

특히 문학의 길을 이끌어주시고 가르침을 주신 한실문예창작 지도 교수 박덕은 문학박사님께 존경과 고마움을 전합니다.

감사합니다.

2025년 가을의 문 앞에서
저자 배종숙

축시

## 배종숙 시인

박덕은


몇몇 발랄한 감각과 기다림이 함께 머무는
맑은 개천은
진작부터 시심의 고향이었다
흐르고 흘러 다다른
정서의 오솔길
거기서 향기가 치솟았다

어려서부터
생의 중심 향해 소용돌이치는
부지런함과 열정이
마음의 다리를 튼실하게
가슴의 폭은 드넓게
키우고 키워냈다

일상의 터 끝자락에서도
가로수 아래 불빛에서도

자전거의 칭얼거림 위에서도
달빛과 직관의 힘으로 삶의 안색 그리는
시 창작의 열기는
쉽사리 시들지 않았고

한 잔의 결핍을 단숨에 들이키는
주위의 수다와
막걸리의 푸념에도
싱그런 시심밭은
그 푸짐한 열정을
더욱 짙푸르게 일궈 놓았다

태도의 올곧음을 꽃피운다는
정직과 성실이
빚어놓은 한밤중의 독백
거기 얹어놓은 기도는
갈수록 진한 성숙의 향을
창작의 천장까지
가득 채워 놓았다

날마다 가슴속 깊이 뜨는 햇귀는
오늘도 무료한 오후의 나른함 깨고
노래의 한복판을 가로질러
펄럭이는 깃발을
황홀히 실어나르고 있다.

차례

작가의 말 · 6

축시/박덕은 · 8

## 제1부 | 눈먼 사랑

20 · 사랑
22 · 얼굴 붉히는 봄바람
23 · 가을
24 · 이제는
26 · 눈먼 사랑
28 · 황산공원
30 · 달집 태우기
31 · 밤비
32 · 몽돌
33 · 강가에서
34 · 천성산의 비상
37 · 가을
38 · 방그레 문학회
39 · 민들레

## 제2부 | 햇살의 하루

42 • 햇살의 하루
44 • 개망초
46 • 춘정
48 • 5·18
50 • 봄·1
51 • 봄·2
52 • 사랑
53 • 유년
54 • 중년
56 • 식도락칼
58 • 겨울 연가
59 • 형과 나
60 • 3월
62 • 입화산

## 제3부 | 이 계절에

66 • 첫눈
67 • 허수아비
68 • 꿈의 초대
70 • 석류·1
71 • 석류·2
72 • 민들레 홀씨 되어
73 • 영춘화 연가
74 • 이 계절에
75 • 그립다
76 • 가을비
78 • 운무
80 • 합창단
82 • 한밤중
83 • 일요일 아침 출근길

## 제4부 | 커피 한 잔 속에는

- 86 • 그리움·1
- 88 • 그리움·2
- 89 • 그리움·3
- 90 • 배롱나무
- 91 • 시
- 92 • 내장산 여행
- 94 • 부부의 날
- 96 • 허수아비와 참새
- 98 • 가을은 시인이 되고 싶어한다
- 99 • 커피 한 잔 속에는
- 100 • 시간
- 102 • 연가
- 104 • 길고양이
- 106 • 비여

## 제5부 | 시월의 미소

110 • 하얀 포말
112 • 시월의 미소
114 • 자수
116 • 사랑
117 • 낙엽
118 • 방향
120 • 입춘
122 • 코로나여
124 • 기적
126 • 바람이 키운 꽃
128 • 행복
131 • 파도

## 제6부 | 나의 가을

134 • 그 눈길은 정읍을 닮아 간다
136 • 이슬
137 • 허수아비
138 • 시심
140 • 겨울 사랑
141 • 매화
142 • 만남
144 • 나의 가을
146 • 오일장
148 • 내 마음
150 • 재활용 단상
152 • 춤사위
154 • 님의 흔적
155 • 무인도

## 제7부 | 물빛 수다

- 158 • 한가위 단상
- 160 • 한숨
- 163 • 초대하고 싶어
- 164 • 동백꽃
- 166 • 가지산
- 168 • 물빛 수다
- 169 • 자연 속에서
- 170 • 월영산 출렁다리
- 172 • 봄의 리듬
- 173 • 시 창작
- 174 • 가을 마중
- 175 • 황혼의 노래
- 176 • 가랑비
- 177 • 한파 속에서도
- 178 • 낙엽 밟는 소리

- 179 • 평설/박덕은

## 제1부

# 눈먼 사랑

## 사랑

무엇이든 필요하면
말만 해
여기도 저기도
다 담아 보낼게

꾹꾹 눌러 다져
여기도 저기도
미소로 오가는 감성 흔들어
우리 사랑하는 거야

날마다 반기는
희망 메세지
우리 사랑하는 곳에
즐거움이 움터

무엇이든 필요하면
말만 해
이만큼 저만큼
다 담아 보낼게

행복 가득
행운 가득
이따만큼 사랑해.

## 얼굴 붉히는 봄바람


엊그제 입춘 왔다고
실룩실룩 설레던 바람
먼지 쓸어가는 찬 기운

칼라깃 세우며
또 다시 움츠렸다 폈다
연한 평정심에
마음이 나들이 간다

춘삼월이 오기 전에
감싸 안은 삶의 무게
다독이며 마음속 심어둔
여린 순

꽃샘추위 물러가며
봄기운이 온 사방에
간지럼 태운다.

# 가을

꽃대열에 늘어선 나팔꽃
걸음이 스르르 그 앞에 선다

각자의 자리에서
잠시 멈춰 선 듯

굵은 마음 하나
비바람 한 올 한 올 피하지 않고
뿌리 내리고 꽃피워

바람의 향기처럼
사랑 머금은 채
가지마다 걸터앉아 있다.

## 이제는

인연의 첫자리는 언제나
밀려나고 밀어내도 고정되어 있기에
꼬옥 붙잡아야 하는
하얀 사랑
그 속으로 비 내린다

한껏 들뜬 정오가 위태롭게 기울며
해 질 녘의 얼굴로 위장하는
늦은 오후 한때
목마른 향기에 취한
마음꽃 한 송이
그녀의 등 뒤에 멍하니 앉아 있다

울음과 서러움과 적막이 뭉쳐 있는
무성한 잡초 걷어내고
이젠 더 아프지 않길
혼잣말로 속삭이며

피었다가 시들고 말라 버려도

새로 피어나는 꽃향기
전성기 맞이하는 뜨거운 화법으로
열정 머물던 시간에 여물어
문 열고 다가와 몸짓 되었다

텅 빈 어스름녘 망상의 방에서
아련히 들리는
저 키 작은 바람 소리
귀 기울이면 은밀히 나풀나풀

감각과 상처를 집요하게 답습한
하얀 눈빛으로
밤새 별을 동경하다
그녀 안에서만 나뒹군다.

## 눈먼 사랑

세월이 흘러도
감출 수도
멈출 수도 없었어

마냥 행복하고
무조건 아팠어

수없이
고민하고
생각하고

수없이
서성거려도
표현할 수 없었어

미안하고
고맙고
미워도

다시
보듬을 수밖에
없었어.

## 황산공원

말갛게 하늘 향해 웃고 있는
기쁜 듯 슬픈 듯
저고리 풀어헤치고
가슴 가득히 그리움 머물고
길가에 아롱다롱 유혹하는 가을밭

꽃들에게
향그러움 덧칠하는
그대 보았네

노란 입김으로 스며드는 저릿한 사랑
슬며시 다가와 가슴 가득 채우며
상강이 지난 만추에도
짧은 여운만 서서히 흘러가는 느낌

뒷동산 청솔잎도 봄 기약하며
낙엽되어 수북수북 쌓여
흙바닥에 뒹굴며
부스럭 소리내며 울고 있는 너

쌀쌀한 바람이 혼내어 주는 것 같아
외롭고 쓸쓸한 만추
추억의 소용돌이에 되살아나는
향그러움 포개는 너의 꿈
보았네.

## 달집 태우기

두둥실 떠오르는 보름달에
계수나무 아직도 잘 자라고 있을까

옥도끼 금도끼로 찍자니
너무 멀어 꿈에서나 찍어야 하나

달 떠오르기 전 나뭇가지 세워놓고
마냥 오르기를 기다린다

활화산같이 하늘 높이 치솟아
품속 같은 모성애
가슴이 울까 봐 곁눈질한다.

# 밤비

후두둑
흐린 표정으로
갑질하는 소리

다듬이질 소리와
뒤엉킨 채
후두둑

가슴속에 맴돌던
아스라한 얼굴
마음 두드린다

맨발로 뛰쳐나가
잔잔한 반올림으로
적막 깨우며

설렁설렁 쌓을까
차곡차곡 쌓을까
인정머리 없는 이 그리움을.

## 몽돌

거친 물결이 가슴 찔러 오면
각진 모서리에 몸뚱이 아플세라
사그락 사그락

서로 맞댄 정겨움
옹알이하는 파도에 미역 감아
갓 잡아올린 생선의 비늘처럼
윤기 흐른다

살아온 날들이 힘들고 아팠어도
금빛 노을에 형형 색깔 연출하며
감춰뒀던 생의 무늬들이 날갯짓한다

어느새 밀물과 밀어 나눠 사랑 피우고
고른 숨결로 춤추면
보석이 되는 꿈 알 수 있다고
바다는 말한다.

## 강가에서

연둣빛 햇살 너울거리는
강변 둑 아래 회색 계단 밟으며
내려오는 검정 고양이

헐떡헐떡
강물에 얼굴 내비춰 물을 핥아
헛헛함의 가슴 채운다

아직은 차가운 바람
갈대 바스락대는 소리
물오리 헤엄치는 소리
어우러져
일그러진 봄날 저울질한다.

## 천성산의 비상

원효산 숲속 비단결
친친 휘감은 햇살로
호기심 많은 오월의 자세 같은
오솔길 연다

서두를수록 오르막과 내리막이
덫을 놓고 있다는 고갯길에서
바람의 손짓 따라
양산의 철쭉 군락지에
시간도 멈춰 선 긴 그리움
그 찬란한 비상이 신비롭다

들머리 홍룡사
양산팔경 홍룡폭포 수락이
물의 변주 쏟아놓다가
자욱한 입술 닦으며
하얀 입체로 기지개 켠다

허공의 담장 뛰어넘으며

불다 말다 잦아드는 바람
고도차 없는 멋부린 산허리

내원사 철쭉 피면
낮과 밤의 덧대어진 기억이 산다는
황백나무 오동나무 가지 사이
들려오는 검은등 뻐꾸기 소리
황조롱이의 곡예

계절의 수군거림과
시간의 지층 켜켜이 쌓인
바위 따라 뚝뚝 떨어지는 물
은사시나무 까마귀 박새 딱따구리
민달팽이 청개구리 원추리 애기똥풀 다 모아
계곡과 폭포 수려한 외모로 불리는
소금강산

식도를 열고 입맛 다시는 논에서
모내기하는 구릿빛 얼굴

늘어선 파란색 공업단지 건물
모두를 품에 안고 미소 머금어
연꽃으로 환생한 듯
나래 파닥거리는 어머니 품 천성산

이윽고 첫자리와 끝자리가
두 팔 벌려 안기는 한 줄기 빛
가슴속 비집고 들어온다.

# 가을

가슴으로 스며드는
꽃바람으로 왔다

살포시 향기 안고서
붉어진 꽃길 따라
노을 바람이랑 왔다

살그랑거리며 마음속 넘나드는
편백 숲속의 군무
뭉클한 설렘으로 젖어든다

등 굽은 길에 단비 내리면
소솔한 자리마다 피어난
들국화들이 무럭 무럭 익어 간다

가슴으로 숨쉬듯
웅얼거리며.

## 방그레 문학회

진짜 방글 방글
앳됨이 되살아나
순진 무궁한
님들의 글 잔치

한 치의 거짓도 없이
심쿵 심쿵 써 내려간 님들의 시어들

저 봄들의 향연에
냇가 수양버들도 팔 뻗어 와락

품안에 안아
바람이 이어준 봄 미팅에
하늘 하늘 그네를 탄다.

## 민들레

돌계단 틈새 삐죽이 내민
앉은뱅이 꽃대 한 쌍
여린 실뿌리에 속살 여물어
알알이 봄 담는다

모질게 지탱해 주는 뿌리의 모정
홀씨 되어 사방팔방 눈 날리더니
저 갈 길 눌러앉아 봄맞이 단장에 바쁘다

햇살 따라 쉰 밤 쉰 낮
앙가슴 여미고 무엇을 위하는가

흙먼지 바람으로
소리 없이 삭히고 다져
웃는 봄의 얼굴이고 싶다.

제2부

## 햇살의 하루

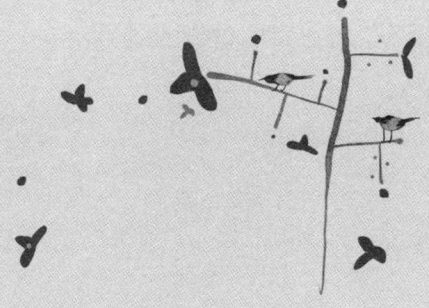

## 햇살의 하루

추운 겨울인데도
잔잔한 바람은
귓가에서 내려와
콧등 위에서만 노닌다

길 위의 악사들처럼
익살로 소리내는 찬바람
넌지시 포근한 미소 짓는다

전깃줄에 앉아 울던 까치
푸드득 날갯짓으로
일기 써 내려간다

길모퉁이 한켠에
다소곳이 앉은 쓰레기
청소부 기다리며
애타한다

차 밑

길고양이 안식처인 양
오늘은 날이 좋아
모여 앉아 수다 떨고 있다.

## 개망초

길가 풀숲 빈집에
바라보는 이 없어도
피어나는 꽃

당신 있는 곳은
어디나
환한 것처럼

난 당신에게
곁에 오래 있어 달라고
말하고 싶어요

여태
기다리게 해서
미안해요

바람결에
그대 향기 희미해도
저에게는 큰 힘이 돼요

그대 그곳에
변함없이
환한 미소 머금고 있을 테니까요.

## 춘정

싱싱한 봄날이 들여놓은 연초록방
만개한 산목련이 그 방에 몸을 푼다
하얗게 여울지는 꽃잎 위로
찰랑거리는 물소리
떠돌던 한때가 숨가쁘게 일렁인다

꽃발 든 화혼花魂이
달빛 이부자리 얼기설기 깔면
유폐된 그날이 걱정되어
발목 꺾인 것도 모르고 돌아다닌 봄바람은
그제서야 흥에 겨워 웃음 흘린다

마음에 둔 그 사내
환하게 들어서는데
맹약의 낮과 밤이 주고받은 연서
꽃빛은 달아올라 은밀히 들썩이고
달뜨는 청춘의 노래 밤바람도 뜨겁다

황홀한 흰빛으로

온밤 통째로 걸어 잠그면
꽃향은 돌고 돌아 한밤중 부푸는데
속없는 여울물은
졸졸졸 방문 두드리고
숨이 멎은 별들은
애써 모르는 척 반짝반짝 돌아앉는다.

# 5·18

칼바람 헤집는 거리마다
저 늦봄의 울음새들

어제의 안부와 고집과 내력을 받아줄
몇 평쯤의 하루는 그날 사라지고
이유 없이 번져오는 캄캄한 쇳소리들이
환한 아침을 밀어내
새의 날갯짓이 지워지고 있다

맹렬히 뒤쫓아오는
총탄의 방향에서
쫓기어 내몰려도
숨을 곳은 초라한 밤의 벼랑

야비한 총소리들의 비웃음은
끊이지 않고
주먹밥 속에서 꽉 쥔 주먹들은
서로를 지키기 위해 서러움을
제 수의 속에 감춘다

자유와 평화 위해
지금도 외쳐댄다

순한 눈초리들
거리에 나앉아도
반짝이는 어떤 비장감이 있어
비명과 추락이 내려앉기 전에
오른쪽으로 심장을 옮겨
다시 가벼이 날아오를 수 있다

영원히 불 켜진
민주의 날개 지키기 위해.

# 봄 · 1

섣달의 차가운 결심
연분홍 고운 미소에
그리움 먹물 풀어 입춘대길.

# 봄 · 2

꽃잎에
입맞춤하며
부끄러워 얼굴 붉히는
한 줄기 바람

까만 꽃씨
톡 톡 터뜨리는
분꽃처럼

햇살 아래 부서지며
웃음 담아

산야의 가슴에서
나래 펴는
사랑의 꽃씨.

## 사랑

즐거움도
슬픔도

너랑
나랑

늘
함께.

## 유년

빈 놀이터에 해 기울면
집으로 오던 고샅길 걸음 걸음
아직도 잔잔하다.

## 중년

한없이 기다리다
돌고 도는 휘파람 소리
설렘으로 맞이한다

아버지의 강가
늦은 밤 가슴에 포근히 껴안고서
입가에 미소 짓고 새봄 마중한다

지친 몸 안중에도 없고
스르락 내리락
마음속 저울에 덧댐 추 올린다

마지못해 세상에 태어난 녀석
누구에겐 비웃음이 될지라도
맘껏 기지개 펼친다

많고 많은 서적의 길잡이 속
번지는 햇살의 부드러움
맘껏 푸르름 덧칠해 주고

허공에 떠도는 별은
달과 함께 한바탕 어우러져
춤을 춘다.

## 식도락칼

싹뚝 싹뚝
잘리는 형체에
미묘한 감성이 피어난다

잘 정돈된 도마 위에서
곡예사의 율동 보여도
정작 필요한 곳에 머문다

집에서
식당에서
그 어디에 머물든지
제 할 바 다한다

인간사 희로애락 함께하는
위대한 스승

간결한 손놀림에
산해진미의 맛이 좌우되고

오랜 역사 갈무리한
고귀한 발자취
어느 누가 타박하랴.

## 겨울 연가

설풍 깔아둔 나목에 엉긴 사연에
시도 때도 없이
개나리 얼굴 노래졌다.

## 형과 나

부엌에서 밥 짓는
엄마 몰래
아웅다웅 다투다
엄마가 뒤돌아보면
씨익 함박웃음 짓는다

안방에서 신문 보는
아빠 몰래
투닥투닥 몸싸움하다
아빠가 쳐다보면
씨익 눈웃음 짓는다

의자에서 잠자는
멍멍이 몰래
팔씨름하다
멍멍이가 다가오면
씨익 헤벌쩍 두 마음 뒹군다

서로 이기려고 애쓰다
엄마 아빠 앞에서는
다정한 척한다.

# 3월

새 옷 입은 봄처녀
나풀나풀
마당가에 내려앉는다

풀잎 머리에 이고
창가에 살포시 다가와
가슴으로 와락 껴안는다

그 뉘를
찾아왔는지
발길 바쁘다

하얀 구름 너울 쓰고
기다리는 길목
설렘 가득 품고 있다

매화 꽃봉오리
부시시 눈치보며
보송보송 어릿광대 밀어 올린다

낮게 엎드린 민들레
지그시 감은 눈으로 기지개 켜는 날
흙내음도 작은 불씨 하나 건지려
봄맞이 간다.

## 입화산

숲속 비단결
친친 휘감은 햇살
오솔길 연다

둘레길 늘 푸른 소나무
엄니 골진 가슴 닮아
거닐고 싶은 사잇길

바람의 언덕에는
일출의 새벽 촉감
황홀히 떠오르는 추억의 되새김
작은 풀꽃과 키 큰 편백나무
서로 향기 뿜어댄다

고향의 뒷동산처럼
향기 스쳐간 자리마다
다람쥐들이 수다떤다

신명난 개미떼

먹거리 굴리느라
노송의 배 줄타기한다

산책 나온 웃음소리
노면을 걸으면
뚫린 창호지 문구멍마냥
상상의 세계가 들어선다.

## 제3부
## 이 계절에

## 첫눈

떠난 님의
하이얀 눈물인가
밤새 쌓이는 그리움

그대 손잡고
한없이 꿈에 젖어
행복하게 하는 날

아픔도 슬픔도
하얗게
덮어 주는 날

그 능선 너머로
차디찬 슬픔 되어
내린다.

## 허수아비

타오르는 들녘
고집스럽게
자리 지키고 서서
기우뚱기우뚱

어깨에
꿈 친친 휘감아
갈바람과 정 나누며

한없이
너울거리고 있다
숙여서 숙여서
목이 아파 울 때까지.

## 꿈의 초대

어둠의 길 위에서
행복만 추구한 지난날
곪아 버려
훨훨 날려보낸다

영혼의 부드러운 깃으로
눈부시게 떠오르는
저 하늘길 경이롭다

한낮의 뜨거운 열정
깃과 깃이 맞닿으니
이 얼마나 황홀한가

작은 등불 하나 밝혀 두고
앙다문 가슴마다
별빛 내려앉는다

갈망의 수레바퀴 돌고 돌아
하얀 햇살 기다리며

바람 부는 들판에 전설로 남고자
날갯짓한다

기나긴 세월의 향기
주린 시심 보듬고
함께하는 낭만에 취해
한 걸음 한 걸음 내디딘다.

## 석류 · 1

알알이 익어 가는
정열
붉은 살빛이더냐

복주머니 속
촘촘한 다이아몬드
응결된 숨소리이더냐

자줏빛 가슴
가득차 오른
우리 사랑이더냐.

## 석류 · 2

자꾸만
붉고 또 붉어져
타들어 간다

달래고 달래어
익고 또 익더니
터지고야 만다.

## 민들레 홀씨 되어

어디로 날아갈까
학교 가는 길목에 앉아
짧은 시간에도 해와 달 되어
꿈 이루는 씨앗이고 싶어요

어디로 날아갈까
고개 너머 산모롱이에 앉아
배실배실 웃음으로 새날 위해
자연 속을 맴돌고 싶어요

어디로 날아갈까
간지럼 태우며 어디론가 간 뒤
바람 따라 내려앉아
꽃피우고 싶어요.

## 영춘화 연가

아무리 보고 싶다 해도
담 넘어서까지 올 줄이야
사랑은 못 말려

노란 옷고름 가슴 여미고
방긋 품어 주는 연둣빛 햇살
그대 마음 열었나

잎새 몽땅 훑긴 날도
몸 낮춰 길만 걷다가
우수가 문 여는 날
저리 곱게 피었나

날 선 틈바구니마다
눈 시린 가로등 불빛이 잡아채도
벙긋 입 여는 날

빈 가지에 겹겹 꽂힌 얼굴
부풀어 오르는 꿈 향해 부르는 노래
빛 심는 저 봄 소리.

## 이 계절에

길가에 우수수
떨어지는 낙엽
바람의 언어로
새겨진 문장들

파란 하늘에 번지는
햇살의 미소
옷깃 여미게 하는
바람의 포옹

생의 이별 고하는 생명들
모진 땅에 뿌리 내릴
소망으로 설레는가

옹골찬 모습
빙그레 설레는 마음
희망으로 미틈달을 달린다.

## 그립다

고운 햇살 아래
은빛으로 반짝이며
수채로 물들어 간다

하얀 꽃구름
물속에 흐르면
현실은 바람처럼 사라져 가고

추억만 남기고 푹푹거리다
저만치 떠나고 사라져 간
그 옛날 그 시절.

## 가을비


여름을
아쉬워하는가
가을을 재촉하는가

미운 이도
때로는 그리워지고
고운 이도
때로는 미워지는
비가 내린다

천둥도 목이 쉬고
번개도 부싯돌 닳아
처량히 내린다

백일홍의 나비 그리움
간밤 비보라*에
온몸 움츠렸다

알지 못할 슬픔

숨소리 더듬어
어젯밤 올린 꽃대
눈물 적신다.


*비보라 : 센 바람과 함께 휘몰아치는 비

## 운무

적막의 아침이 흑백으로 나뉘고
잠 덜 깬 고요는
바다 위 구름 속에 걸려 있다

하얀 이불에 모습 감추고
산자락 흩어져 섬 되어 머문다

햇살은 바다 문 두드려 깨우고
구름길 만들어 안내한다

범종 소리에
구름 휘젓는 새들의 나래짓이
십일월의 산야를 빨갛게 물들인다

안개는 만첩 병풍 되어
볕살은 단풍의 빛깔 덧입히고

티끌 쌓인 마음 씻어 내고자
출렁이는 가을 뜨락에

휘파람 불며 시 한 수 읊는다

오늘따라
옷깃 스치는 바람
여심의 가슴을 마구 두들긴다.

## 합창단


연잎 위에 아기를
올려놓을 수 있을까

널따란 연방죽에
공연이 시작된다

물방개 뒷다리 휘저으면
악보가 펼쳐지고

물방울 굴러 굴러
심벌즈 음 내고

신명난 왕눈이 가족 4중주
연꽃잎 뒤질세라 어깨춤 덩실덩실

윙윙윙 고추잠자리도
무대를 수놓는다

좋아서 씨익 웃어 주는

조명감독 햇살

신기한 듯 쳐다보는
아기 눈빛과 마음

서로 손잡고 나란히
연잎 무대에 오른다.

## 한밤중

언덕 위 봄바람
꽃분홍에 둘러싸여
오는 길 가는 길에
여린 마음 붙들고 있다

펼쳐진 풍경에
낭랑한 감성
기어오르는 경이로운 순간

푸른빛으로 물든
아름다운 이야기
한 장 한 장
속살 같은 시심

가슴 죄다가
빠져들어
그만 밤이 되고 말았다.

## 일요일 아침 출근길


때이른 잠자리들
몰려나와 순찰 돌고

통통 튀던 참새들
길 안내하고

이슬 먹은 달맞이꽃
밤새 안녕의 미소 보내고

나비떼 답인사로
나풀나풀 춤추며 앞서간다.

제4부

# 커피 한 잔 속에는

## 그리움 · 1

저 멀리
속삭이던 벌나비 불러 모아
발걸음 재촉한다

유난히 더운 여름
오솔길 거닐다가
나무 밑 산들바람 그립다

기다리던 님 소식
오려나
종달이 지저귀고

플라타너스 쉴 새 없이 손짓해도
뜬구름 저만치
구경만 하고 있다

유들유들한 비둘기 사랑
해종일 마음 찻잔에 머물고
그윽한 향기로 웃음 짓는다

석양의 열정
태우는 여운
그대로 남겨둔 채.

## 그리움 · 2

시심이
불볕더위 넘나들다
숨막혀 조각난다

우물가에선
감성 어우러져
갈증 해소하며
상흔 헤집는다

애써 더위 삭히던
사랑의 별
짙은 향에 취해 있다

만년의 추억은
여전히 마르지 않고
강렬한 몸짓으로
유유히 흘러간다

닮고 싶은 청량한 물빛
한밤중 열대야에 지친
잠을 덮는다.

## 그리움 · 3

이른 새벽 안개비에
뜨락 밟고 선
추억의 향기

목메인 바람
가슴 깊은 곳까지 들어와
피어나는 연민

마음의 연못에
하염없이 뿌리내려
꽃피우는 보고픔

사르르 피어 올라
가까이서 멀리서
자꾸 가슴 후빈다.

## 배롱나무

살그랑거리며 빛나는
아침 햇살 반짝 반짝

계절의 변화에
홀로 가꿔온 몸

출퇴근 보듬어
잔잔한 미소 띄운다

뒷짐진 햇살이 함께 만든 그늘도
오늘따라 유난히 어여쁘다

투정도 심술도 뭉텅거리며
나뭇가지에 걸쳐 놓고

노을 물든 자리에
말없이 그리움 내려앉아도

진분홍 꽃숭어리는
아슴아슴 바람에 흔들거릴 뿐.

# 시

길 가다
참새 꽁무니만 봐도
놀아달라 흔들어 댄다

한가한 시간에
놀자고 불러들이니
금세 삐졌다

동화 같은 아름다운 이야기
미로를 따라가다
그만 옆길로 빠지고 만다

길게 목 빼
휘어진 그리움 찾아
오늘도 슬픈 제 그림자
하나 하나 지우고 간다.

## 내장산 여행

고갯길 바람의 손짓 따라
황금결 기워 입은 단풍
시간 멈춰 놓고
긴 그리움 들고 드나든다

세월의 능숙함에
무심코 넘기는 달력의 가을
그 별무리 이름마다
찬란한 비상이 펼쳐진다

새하얀 조각상처럼
행상길 나선 님 기다리다
망부석 된 여인

산그늘 앞섶 여미는
산 아래 은빛 호수
눈비 서린 서래봉 백련암
내장사 범종 소리 울어쌓는다

추령촌이 휘감아도는
옥정호 구절초 향기
아직도 님 기다리나

바람결에 묻어오는
한 줄기 빛만
가슴속 비집고 들어온다

여린 잎들이 모인 행렬에
자꾸만 떠밀려가다
오색 풍경 짙푸른 산수화 화폭

빨려들어가
헤어나지 못한 추억들이
피향정 연꽃으로 환생한 듯
날개 파닥거린다.

## 부부의 날

따스한 관심의 첫자리
삐끗하면
한 움큼의 끝자리 맴돌다가
토막 토막 잘린 감정들이
화나서 아웅다웅
좋아서 티격태격

다가가려는 방향과
물러서지 않는 안색이
저녁을 서성거린다

무엇이 문제인가
사랑의 하모니인가
한 생애 첨 만난 인연
얼마나 행복한가

오늘과 포옹
그 사이 어디쯤에서
꽃피는 동쪽은

눈뜨고 웃고 자란다

먼 날의 길벗 되어
다정히 속삭이며
아끼고 이해하고
용서하고 배려하며
때로는 원망도 하며
점차 넓혀 가는 애정길

상처에서 흘러나온
차갑고 비릿한 체온이
한 번뿐인 생
그 환절기 건너면서
향기가 되어간다.

## 허수아비와 참새

늘 한결같이
그렇게
있어서 좋아

잠잠히
이야기 들어 주는
친구가 있어 좋아

날다 주저앉았다
들떴다가 돌아오고
슬펐다가도
다시 제자리로
올 수밖에 없을 때
떡 버티고 서 있는 너

아침에 눈뜨는 것에도
소슬바람 스치고 간
꽃자리에도

추억이 묻어 있는 이곳에
아무렇지 않게
돌아와 앉아
수다 떨 수 있어 좋아.

## 가을은 시인이 되고 싶어한다

산자락 뭉클한 설렘
들켜 버린 듯
붉게 물든다

눈부신 하늘 올려다보면
작은 마차가 사뿐히 내려앉은 듯
풍성한 감성 덩달아 쏟아낸다

풀벌레 소리 들꽃처럼
저마다 하늘 열고
향기를 밟고 간다

언덕길 흐르는 물소리에
먼 산이 잠겨 오고
사랑도 풀잎처럼 돋아난다.

## 커피 한 잔 속에는

사랑이
저만치서 뛰어가고
그리움은
요만치서 걸어오네.

## 시간

밤새 이슬 친구
몸집 키워 놓으니
아침이 찾아와 심술 부린다

바람 데려와
세월과 씨름하다
오늘을 날려보낸다

자리 펴고
밤새도록 친구하면
여명에는 짜증 놓고 간다

사색으로
몸집 키워 놓으니
이번엔 세월이 데려간다

굼벵이 이부자리 펴주고
개미에게 전셋집 내주고
딱따구리 먹거리 대주고

바쁘다 바빠

나누다 나눌 게 없으면
마지막 한 줌의 흙 되어
밑거름 내주고
영롱히 사라진다.

## 연가

바람이 간다
가슴에 그리움 안고 간다

들리지 못한 그곳으로
몽땅 품어 주는 그곳으로

그대 기쁘면
나도 같이 기쁘고

그대 슬프면
나까지 슬픔 피어나는 그곳으로

마음 깊이 쌓인 그곳으로
그대만 비추는 그곳으로

반짝거리는 숲
춤사위 벌이는 그곳으로
바람결도 곱게 쉬어 가는 그곳으로

늘 함박웃음 흐르는 그곳으로
남실남실 정 넘치는 그곳으로

오늘도
그대 찾아 떠난다
저 너머 행장 추스리는 그곳으로.

## 길고양이

숯불고기 냄새 물씬 풍기는
어느 한 식당
모여든 냥이들

선선한 가을이 돌아오니
할 말이 많은 모양이다

뜨뜻한 눈빛 건네주고
어느 날 사라져 버렸다

늦은 밤 귀갓길에
편의점 앞을 지나다
마주친 검정 물체

봄날 소식 끊긴 그가
코앞에 다가와
두 다리에 바짝 몸 비벼댄다

어, 어디 다녀왔어?

반가운 마음에 마트 들어가
소시지 한 줄 사서 주었다

배고프지?
날 새면 집으로 와,
고기 줄게, 꼭 와
동글한 얼굴로 야옹만 해댄다

쓰디쓴 나의 왕년을 읽은 듯
곧 눈시울이 붉어진다

저마다 사연이 있듯
그 사이 말 못 할 일이 있었나

밤새 내린 빗줄기에
빈집 담벼락 아래
옛이야기들이 펄럭이면

소문 조각들 주워다
야옹거리며 들려 준다.

## 비여
– 전국의 산불을 원망하며


아득한 낙차 즐긴다는 물의 생각 불러오기 위해
비서祕書 펼쳐 주술을 외우는
내 생애 긴 기다림

허공을 뛰어내리는 투명한 발목들이
흐르고 흘러넘치는 방식으로
마음속에 비가
주르륵 주르륵 내린다

말문이 터지듯 마르지 않는 말투가
반가워 몸서리치도록
기쁘다 못해 눈물겹도록
환호하며 달려간다

속도를 모색하다 우왕좌왕하더라도
어느 방향이든 내려만 다오
한없이 주륵 주르륵

지상의 낮과 밤을 삼키며 범람하는
저 불씨가 마르도록

촉촉이 적셔다오

푸른 멍이 제 멍자국으로 서러운 노래 부르며
애타는 한 생애의 긴 기다림
가슴에 품고 싶었던 이 순간
불타는 마음 한없이 적셔다오.

제5부

시월의 미소

## 하얀 포말

안개 자욱한 텅 빈 바닷가
외로이 앉아 있는 철새
가슴 적시는 이야기
파도 위에 늘어 놓는다

뿌연 사연들 감추려고
출렁거리는 물결 속으로
자꾸 파고들어 잠재워 놓고

고귀한 사랑과의 동행 위해
오르락내리락
물결 따라 어우러진 물보라
그 눈망울 속으로 흘러든다

새 생명 잉태하듯
거센 풍랑 지나간 자리엔
향긋한 추억이 자리한다

한 송이 꽃으로 피어나

위로 보내고픈 봄 편지에
아련한 마음 담아 놓는다

그리워 찾아온 파도 소리 들리는
갯바위의 설렘
적셔진 눈가에 서성이고 있다.

## 시월의 미소

보름달 닮은 천상의 모습
푸른 하늘 감돌아 와
머물러 있다

귀뚜라미 울음소리에
연정이 파고들어
넋 놓고 속삭이고 있다

낯익은 산책길
그리움 떠올라
굴뚝 연기처럼 하얗게 피어오르면

별빛 같은 추억들이
저만치서
설레는 가슴 안고 서 있다

동행의 걸음마다
들꽃 향기 그윽하고
단풍잎 살랑거리며

촉촉이 붉게 물들어
고운 웃음꽃으로 불태우고 있다.

## 자수

새하얀 눈꽃이
소식 전할 때면

계절의 레일 따라
더딘 듯한 세상 풍경
바라본다

안개 짙은 하늘빛
한 발짝 한 발짝
고운 눈빛으로 물들어 간다

그 속에서
우두커니 서 있는
중년의 한 사람

잠시 후
아련한 추억 속으로
먼 길 떠난다

오늘의 세상 속
주인공 되어
사랑으로 곱게 수놓으며.

## 사랑

심장과 심장이 만나
터질 듯하다가
두 가슴속에서
뜀박질해댄다

뛰다가 아니 뛰면
멈춰 버릴까 봐
온몸에 열꽃이 돋아난다

긁어댄 사랑의 종기
곰삭을까 봐
날이면 날마다
처방전 기다린다.

# 낙엽

가냘픈 떨림들이
하소연하며
홍조 띤 가슴앓이 한다

무심히 지나친 발걸음
부스스 베어 문 사연 담아
흩어지는 바람결 따른다

옥죄어 오는 아픔
그리움에 못 이겨 뒤돌아보는
아릿한 가슴속

그 고운 향기에
무언의 낙서 한 움큼
눈물 위에 올려놓는다

방울 방울 매달린 이슬처럼
감추지 않는 모습 그대로
맴돌다 사라져 간다.

## 방향

저 수평선에 앉아 있는
작은 점 같은
돛단배 하나

크지도 작지도 않은
바람에
흔들 흔들

문득 스치는 일상 속에서
어느새 지우고픈 길들이
먼저 손 내민다

겨우 닦아 놓은 마음 위에
비바람 몰아치는 시련도
지난 후면 꿈결이다

강변 따라 흘러가는 강물처럼
상상 헤집고 이마의 땀 훔치며
갈 길 재촉한다

가던 길 멈춰 서서
황혼 붙잡고
제 그림자 밟으며

오늘도 마음속 돛단배는
어제처럼 고단함 업고
돌고 돌아간다.

## 입춘

강추위로 방치된 낮과 밤에
연두의 유적을 건설하고 싶다는
봄의 전령사
나풀거리는 나목은
한없이 떨림으로 미소 머금고
녹아들어 흐르는 낙숫물은
저만치 토지를 저울질하고 있다

타성에 젖은 안일한 적막의 자세와
스스로 의문을 제기하는 불안을
흘려야 되는지 마는지
뼈아픈 겨울을 머리에 이고
사방을 두리번거리며
눈치 본다

말하지 않아도
감각적이고 감성적인 경험은
해 질 녘의 심장을 뛰게 하기에
다 엿보고 귀 기울이며

웃음 흘리며 달달하게 얼굴 맞댄 절기節氣,
그 이름 뜨겁게 호명하기 위해
오늘의 설렘은
귓가 조롱하며
지나간 추억들을 환수한다.

## 코로나여

온누리
돌아다니느라
얼마나 바쁘오

그대가 다녀간 뒤
설치는 밤들
어찌할 건가

정녕
산 입에
거미줄 치겠단 말인가

마스크 구하러
긴 줄에 매달려
그대를 미워한다오

그대는
잘잘못을
분명히 가르쳐 주었소

집집마다
꼭꼭 문 걸어 잠그고
면회 사절

이제 그만
떠나면 어떨지
발병나도 잡지 않겠소.

# 기적

처절한 빛이
바람을 목마 태우고
뒤뚱거리며 밤낮을 들어
불태우고 있다

뒤척이며 드러누운
고난이 시조새처럼
햇살로 꺾어져
무명으로 보챈다

통증이 허리께로 날아들면
마파람에 두 눈 감고
오마지 않는 날줄에
빛의 그림자 아른아른거린다

목마른 기러기처럼
속살 깊이 스며들어
절망이
하나 둘 등불 켠다

고고히 숨은 영혼
별들이 불 밝히면
또다시
바램은 하얗게 시작된다.

## 바람이 키운 꽃


등 떠밀려 자란 몸짓
송글 송글
이마 맞대고 앉는다

시멘트벽 사이
키 작은 민들레
한 발 두 발 내디딘다

날아갈 듯 말 듯
앉은뱅이 새싹들
페인트칠 위에 꿋꿋이 서서
하늘거리고 있다

길 가다 멈칫 뒤돌아보면
할 말 있는 듯
손 흔든다

힘들었던 긴 시간
터벅터벅 걷던 발걸음

먼저 멈춰 서서
애처로운 눈빛 보낸다

어느새
굳건하게 피어낸 꽃망울
저리 당당하다.

## 행복

어둠이 적막의 수위 높이는 새벽
가을 재촉하는 창밖에서
허공에 감춰둔 보고픔의 언어를
후두둑 후두둑 꺼내
그리움 감싸 안은 비가 내린다

무표정한 어제를 답습한 감정은
난해하고 왜곡됐지만
그 누구도 알아주지 않는 마음의 화롯가에
불 지펴주지 않는 고독에
오늘도 솜방망이 스쳐간다

꽃 피듯 눈 오듯 파열음 내며
지나간 추억의 소용돌이에
못다 한 생각들
부서지고 있다

삶의 오르막과 내리막을
찢어지지 않게 둥글게 말면서

물음표 던지며
저 멀리서
깨달음이 나래짓한다

자정이 넘도록 열대야를 방목하는
늦더위에 몸부림치던 이파리에게
쌀쌀한 공기주머니가
생각의 뜨락 일구며 말한다

어스름의 쓸쓸한 안부처럼
노랗게 물들어 가는 감성
나무뿌리들에 뒤엉켜도
보는 이의 질책을 받으며
그래도 요만큼의 무사안일이
이뤄져 행복하다

귀 열고 입가에 미소 지으며
시월의 소리를 거둬들이는
길가에 흐드러진 꽃잎들 보며

내일 향해 두 손 높이 든 채
꿈속에서 깨어나고 있다.

# 파도

눈꽃잎 휘날리는 날
푸른 가슴 출렁 출렁

못다 한 그리움의 속삭임
한결같은 은빛 물결 되어
바위에 부딪히더니
사방으로 퍼져 나와
입맞춤하려고 달려든다

등대 불빛 깜박 깜박
달빛 어린 그 소리로
임의 마음 그려놓고
추억마저 적셔 놓는다.

제6부

# 나의 가을

## 그 눈길은 정읍을 닮아 간다

한 폭의 초록 서정에 취해
훈훈한 사랑으로 맥을 이어
햇살에 사연 담는다

정읍 풍경은
시민의 어머니 같은 품안
몸도 마음도 쉬어 가고
사색조차 쉬어 간다

태풍이 고삐 흔들어대도
문지방 넘어온 햇살결이
부지런 떤다

소소한 자리마다
구절초 향기가 파닥 파닥
행복의 밑그림을 그린다

언제나 그 자리에서
산기슭 베고 베푸는 사랑

저리 당당하다

단풍 물든 산허리에
함께하는 뜨거운 향수
풍성한 마음처럼 달달하다.

## 이슬

햇살에 그을린
옷자락 끝마다
알알이 맺혀 안부 전한다

뒹그르르
구를 때마다
풀빛이 둥글게 담긴다

나비는 놀란 듯
날개 퍼득이고
바람결은 옅은 가슴으로 감싼다

연두색 감돌다
그대 향한 순정으로
고여 있고자

찬란한 빛
머금어
앙다물고 있다.

## 허수아비


타오르는 들녘
고집스럽게 자리 지키고 서서
출렁출렁

어깨에
꿈 친친 휘감아
갈바람과 정분 나누다

너울거리고 싶어라
고개 숙여
목이 아파 울 때까지.

## 시심

산 넘어
길을 걷는다

달짝지근한 시향이
잘 풀려질지 모르는
가 보지 않은 길을

빛의 길이라서
빨리 달리면
빛이 보이고

꽃길이라서
천천히 걸으면
꽃이 보인다

오늘은
보랏빛 꽃길
한 번 걸어 볼까

삶의 한 조각 추스르며
그대와 함께
걷고 싶다.

## 겨울 사랑

엄동설한에도
늘 가슴은 따뜻하다

떨어져 있어도
늘 군불 지피니까

차디찬 눈밭에도
늘 님이 다가오니까.

# 매화

고고한 봄꽃
눈썰미에 타오르니
가슴이 뛴다

그대 생각날 때마다
내 가슴속에
피어나는 꽃.

## 만남

전하고픈 그리움 속으로
굴렁쇠 구르듯 마음들이
시심 위를 성큼성큼 걷는다

눈동자에는
작은 시들이
강물처럼 흐르고

반가움은 꽃잎 되어
서로 마음을
따스이 읽어낸다

고독 즈려밟고
수척해진 채 꺼지지 않던
불씨를
서로 부둥켜안고
눈물겨워 한다

창틀 사이로 빼꼼히 내민 햇살

쇠잔한 내 마음 뜨락
그 나태함 뚫고 다가온다

나폴나폴
추억을 더듬거리며
들녘에 늘 우두커니 서 있곤 하던
가슴속으로 날아든다.

## 나의 가을

태풍의 춤사위
길게 날아오르더니
목 빠지게 기다리던 숨소리가
꿈속으로 흘러든다

살아가는 길 위에서
세월을 껴안다가
들판이 흐드러질 즈음
가까이서 호명을 기다린다

구월의 꽃송이
해종일 피었다 진다 해도
풍년은 낭만을 마시고
선홍빛으로 다가온다

거리에
나풀거리던 말들이
무언으로 되새김질하며

해맑은 가슴앓이가
아무에게도
보내지 않았던 꽃편지 띄운다.

## 오일장

잠꼬대로 불어난 새벽 깨워 먼 길 달려온
흥정과 입담으로 마수걸이 퍼 올린
태화장 오일장은 5일 만에
돌아오는 시 군의 장날
색동옷처럼 고운 아낙네의
기다리고 기다리던 잘 저린 칼치처럼
입맛에 닿는 기다림의 날

그 누구나 기다려왔을 고유의 장날
저 한곳에선
갓 튀겨낸 소리와 바삭한 냄새가 산다는
뻥튀기 낯익은 기계음에 화들짝 놀래 심쿵하고
바다의 기억을 비린내로 저장한
생선가게의 소금기에 물들어진 아저씨 눈웃음은
한 무더기 사달라는 외침

좌판 한곳엔 어느 바다에서 왔는지 꼴뚜기 가자미
비릿한 살과 살 맞대고 누워도
짠내나게 싱싱하다는

생선들의 냉동된 모습들이 아녀자들을 불러 세운다

저 너머 한곳엔
뜨거움으로 한 생을 건너가겠다는
한여름의 더위 이겨내고 잘 컸노라고
과일향 가득히 실실이 흘리며
당도 높은 아삭아삭한 말이
무심코 지나는 소리까지 불러 세운다

집채만 한 땡볕으로 몸집을 불린
무더위에 검게 탄 상인들의 외침
풍요의 첫 주소지 같은
올 추석은 잘나가는 백화점보다
온누리 상품권으로 장마당 차지한
비록 왜소하지만
옛날 장맛 찾게 하는
할머니 할아버지 사장님
다들 정성스레 찾아가 장을 본다.

## 내 마음

비가 와서
쉼 하는 날

휴일도 한몫하여
글밭으로
뜀박질한다

싸르락 쫙쫙
휘날리는
비가 마음을 다듬이질한다

어제 먹다 남은
얼빛 고운 유채색 채소랑 키다리 대파
네모 반듯 콩 두부와 만난다

가슴 곱게 추스르는
숙성된 하모니가
살포시 벙긋댄다

온기마저
원료가 되고 양념이 되는
시간

한 소절 한 소절
기다림의 향기
입속 가득 머금는다

여름 아침에 내리는 장맛비
이유 없는 울음 젖어 들어
한 옥타브 오르락내르락.

## 재활용 단상

일찍이 분리 회수해야 했다
희비 엇갈리는 재활용 수집장

버려진 양심
하늘 날 듯한 보석들이
빛을 발하고 있다

빙빙 도는 탯줄 위에서
나름 사연 읊어
여기저기 희망 던져 놓는다

포개어 둔 마대자루 안
재탄생하고픈 지난 추억
고개 내밀며
앙팡지게 미소 띄운다

배시시 남겨둔 그리움
가슴에 되새기며
고요 속에 젖는다

수집장에서
서로 어우러지며 녹아드는
향긋한 이야기들.

## 춤사위

은날개 펼쳐 든
꽃바람이
날아가며 흩어진다

마른 하늘이
머리 숙여
슬퍼하고 있다

청천에 떠 있던 마음
스스로
번뇌에 젖어드는가

길바닥에 내비친 그림자마저
나부끼는 꽃잎 따라
흔들리고 있다

보드란 바람결도
먼지 뒤집어쓴 반란도
외롭기만 하다

그 사이로
빗물이 흘러내리는 동안
비켜선 발걸음은
이미 찻집에 가 있다

못다 한 생각들이
부서질까 봐
손에 든 녹차잔으로
메마른 추억 감싸 안으면
녹아든 그리움까지
파도치며 일렁 일렁.

## 님의 흔적

찬란한 밤
달도 별도 잠 못 이루고
자꾸 어둠 속으로 젖어들다
임 마중 간다

사각거리는 하얀 서리
낡은 옷깃처럼 여미고
숭고한 의미 찾아
고요히 흔적 지운다

무질서 시간 위에
나뒹굴고 있는 틈 비집고
빼꼼히 고개 내밀며
텅 빈 논밭에 보랏빛 사랑 심는다

빈 숲 스멀거리는 그림자
눈부신 햇살로 문 열어 놓고
깃털처럼 날아오르며
마침내 그리움은 별이 된다.

## 무인도

아무도 찾지 않는 섬
천진스러운 얼굴로
오늘도 침묵하고 있다

뜨거운 여름날의 추억
발자국만 남긴 채
모래사장 위로 깃 세운 파도
지우고 또 지우며 바라보고 있다

허기진 바람
물속 깊이 들어가 짓궂게 흔들어도
체념한 듯 쓸쓸히 외면하고 있다

철새들 날아와
물위를 뒹굴어도
바다 향기는 추억을 뿌리며
마냥 외로움 덧칠하고 있다

돌아올 그리움 기다리며
차 한 잔에 채워진 사색 조각들이
마음을 그리고 있다.

### 제7부

# 물빛 수다

### 한가위 단상

옥탑에 올라
뒷산 바라보면
산길은 굽이 돌아
숲속으로 숨어든다

가지산 백옥 같은
오솔길 위로
거친 숨소리가
흥얼거려 어지럽다

맑아진 가을 바람
가로수에 걸쳐지면
매미는 마지막 울음인 양
절규하듯 쏟아낸다

솔가지에 얹힌
해맑은 구름 한 조각
헝클어진 마음 헹군다

먼 곳에 있던 향기
손에 닿을 듯 빠져나간다
해마다 맞는 한가위
찾지 못한 고향길

살살이꽃만이
흔들거리며 피어 있는
쓸쓸한 고향길
장독대에 핀 해바라기만
목 쑥 내밀고 기다리다
까맣게 익어 간다.

## 한숨

그대 아프다고
너무 아픈 표정 짓지 말어

혼자만이
아픈 게 아니고
세상은 그 어떤 것도
다 아픔을 경험하고 살어

그대 슬프다고 떠나갈 듯 울고
눈물이 강이 되듯 울지 말어
혼자만이 슬픈 것도 아니지만
혼자 눈물 흘리는 것도 아니야

그대 분하다고
구름 되듯
한숨을 토해내지 말어

세상에 분한 일 기분 나쁜 일
어디 한둘인가

그대뿐만 아니라 어디든 깔려 있어
아픔도, 슬픔도, 분함도
자기만의 것 자신만의 업보

그토록 고통 속을 헤매지 말어
그토록 슬퍼하지도 말어
어차피 세상은
아프고 분하고 슬픈 거니까

눈만 뜨면 보이는 건
아름다운 꽃들뿐
들리는 건
청아한 새소리뿐

느껴지는 건 부드럽고 따스하고
넘쳐나는 행복의 요소뿐

무얼 더 기대하고
무얼 더 바랄 거여

지금 그대의 모습 너무 멋지고
당당하고 아름답고
행복해 보여

그것 하나만으로도
그대는 잃은 것도 없고
얻은 것만 있어.

## 초대하고 싶어

바람 불어 좋은 날
코로나 물러가고
도롯가엔
웃음꽃 만발한 꽃길

태화강 연어 떼
은빛 가득 결 고운 강둑 옆
꽃향기 남실거리는 양귀비 자리
시 향기 넘치는 멋스러운 님들
태화강 정원에 초대하고 싶어

청룡이 오르고
고래가 드나드는
울산 명소 청솔의 여름날
소용돌이에서 풀려나
초승달 돛을 달고
풀꽃이 마중하고 새들이 환호하는
태화강 정원에 초대하고 싶어.

## 동백꽃

바람길 비켜서서
달려오다

소롯이 향기 문지르는
붉은 살결

만리 동풍 꽃샘추위에
이리 저리 흔들거리다

멍울진 가슴마다
소롯이 반겨

휘날리는 감성
싱그런 햇살로 감싸며

새벽잠 설쳤지만
수줍은 듯

흩어지는 추억

부둥켜안고

숨결 불어넣어
환한 미소 짓는다.

## 가지산

차갑고 반짝이는 체온으로
허공의 치수 재며 꽃문양 새긴
상고대 가물가물 잡히는 아침
여명을 등에 지고

생의 방향 묻는 늦가을은
사라진 꽃의 유언 전하는데
발아래 보이는 안개가
삼켰다 뱉었다를 반복하더니
앙상한 하늘을 찌른다

여차하면 굴러떨어질 기쁨과 슬픔
캄캄하게 등에 진
오름길에 채이는 낙엽은
발자국 뗄 때마다
날쌘 바람에 곡예를 해댄다

어제와 격정의 얼굴 벗고
산의 말씀에 기댄

등산객의 눈빛 스친
가슴을 풀고 싶었을 정상

눈앞의 등줄기는
간기에 젖어 질퍽거리고
안과 밖이 한 목소리로
투명한 고백을 하는
입김은
자꾸 멀리 날아간다

내일의 속도 따라가려는
발길은
산 아래로 마냥 미끄러져 내린다
서릿발도 스스로 숨을 죽이고 말았다

오랜 목마름으로 번지는
갈대밭은 후들거리는 다리를
겨우 땅에 기대고
비실거리며 서 있다.

## 물빛 수다

동천강 흘러드는 내천에서
외로운 백로 홀로 거닌다

풀빛이 구를 때마다
찾아온 청둥오리 한 쌍
가슴으로 감싸 안는다

바람빛이 드나들 때마다
길게 뻗친 내천은
끊임없이 초록 물그림자 잉태한다

가을 정기 이어받은 하늘
햇살로 살찌운 품에 안겨

쉬는 곳도 좋아
추억들과 함께
가슴 촉촉이 춤을 춘다.

## 자연 속에서

어제 내린 눈이
나목에
순백의 꽃들로 피어나
봄으로 가는 길목에 기대고 있다

겨울 햇살은
찬 기운과 사투를 벌이며
계절 끝에서 서성거린다

잿빛 구름 사이로
내리는 따사로운 햇살과
도심의 빌딩숲 사이
많은 인파 속에서
포근하게 얼굴 내미는 석양
꽃샘추위 채근하며
연두색 문지방을 넘나들고 있다

기나긴 여정 안고 지나온
겨울 잔영들이 아른거리는 과거로 투영되어
넌지시 흐름을 되새김질하면서
굴곡 같았던 하룻길에 온화한 봄 기약한다.

### 월영산 출렁다리

입술 바스락거리며 기척하는
산에선 계곡풍 불고
비 내려 우중충한데
공중에 매단 비상飛翔에서
낮과 밤이 눈뜨는
출렁다리 위에만 서면
우르르 우르르
삶이 익어 가는 소리

입술 앙다문 어둠 몰려와도
따뜻한 쉼표처럼
스치는 바람결에
인연 묶어
가만히 마주보며 부르는
저 사랑 노래

천상의 위엄 아래
아지랑이와 기다림으로 환해진다는
봄의 입꼬리에서 흘러내리는

봄향기도 화들짝
이 가슴 저 가슴 저미며
숨바꼭질한다

숲의 전성기 같은
무지갯빛 고개 너머로
발랄한 지문처럼 번지는
환상과 그리움의 첫자리
그 추억의 발길 따라
손 놓지 않는 사랑길
세상사 끝날이 와도
영원히 변치 않을
우리 우정

아득한 허공의 높이에서
같은 무게로 몸을 나누며
살며시 내리는
4월의 봄비
시샘을 뒤로한 채 나누는
다정한 정의 목소리.

## 봄의 리듬

콜록거리던
음지 쪽 민들레 홀씨
살포시 찾아온 불청객
이리 뒤척 저리 뒤척
온 대지 헤맨다

철없는 양지 쪽 개나리
눈치 없이 꽃피우고
발걸음 끌어당긴다

춥거나 덥거나 아랑곳없이
너른 대지 자리하고
천지간 하늘 하늘
아늑한 새 둥지 짓고 있다.

## 시 창작


시심은
머릿속에 걸터앉아
A4 용지 위에서
손사래친다
멍했다가
깜짝 놀래키다가
용용 죽겠지
날 잡아 봐.

## 가을 마중

가로등에 새겨놓은
진한 추억 둘러메고
밤거리 헤맨다

가로수 흔들리고
귀또리 소리에 잠자던
추억이 후두둑 밤 비행을 한다

산들거리는 바람에 이끌려
고단한 발걸음이
그리움 속으로 빠져든다

향기에 취해
밤별 헤아리며
어설픈 나의 시를 읊조리며
꽃길 걷듯
낭만을 그리며 거닌다.

## 황혼의 노래

속 깊이 파고드는 여름
새들이 지저귀는
세월의 허리춤에서
방긋이 미소 짓는
중년의 아리따움

찻잔에 올려놓은
마음의 추억 향기
가슴으로 마신다

오늘은 웬일인지
하늘에 달이 높이 뜨고
히죽이 짓는 웃음꽃
오뉴월 불 밝힌다.

## 가랑비

젖어드는 나뭇잎이
물들어 간다

살랑거리는 소리에
내려앉는 그리움의 눈물
꽃잎 주위를 맴돈다

열병 앓는 대지 위에
그대 마음 얹어
기웃기웃 흔적 남기고 간다

몇 장의 추억 남기려고
갈바람 한 가닥 엮어 서성이다
휘어진 길 따라 걸어간다

숱한 사연 접어 둔 채
손 내밀고 있는 호박꽃등 위에서
가을 채비하는 척 괜스레 부산 떤다.

## 한파 속에서도

꽁꽁 얼음 위에 마음 얼고
냉기가 생살 파고든다

긴 세월 잊고 지낸 추억들이
시린 바람 소리 되어
새벽문 두드린다

이 추위 속에
떨고 있을 누군가에게
오늘은 모닥불이 되어 주고

내 몸 태워
시린 손길 하나
보듬어 주고 싶다.

## 낙엽 밟는 소리

발밑에 낙엽 부스거림 소리
함께 낙엽이 뒹구는 이 밤
사부작 가을의 마지막 한입
깨물어 본다.

평설

# 배종숙 시인의 제3시집 출간을 축하하며

박 덕 은(문학박사, 문학평론가)

　배종숙裵鍾淑 시인은 경남 함안 대산에서 1958년 9월 5일 아버지 배효근 씨와 어머니 전상식 씨의 1남 5년 중 막내로 태어났다.
　그녀의 호는 은곡隱谷, 닉네임은 꿈곱하기백, 혈액형은 B형이다.
　그녀는 1989년 12월 10일에 결혼하여, 슬하에 1남(김형민), 2녀(김현나, 김현정)를 두었다.
　그녀는 경북 울산에서 직장 생활을 하면서, 2015년에 월간지 《문학공간》에 시 부문 신인문학상, 2016년에 월간지 《문학공간》에 시조 부문 신인문학상, 계간지 《오은문학》에 동시 부문 신인문학상 수상, 한국청소년신문사 신춘문예 수필 당선으로 문단에 데뷔했다.
　이후 그녀는 황금찬 문학상 동시 대상, 독도 문학상, 이준

열사 문학상, 불갑산 상사화 문학상, 독일 몬스트문학 영웅상, 뉴욕아트페어 [문학부문] 대상, 마닐라센트럴 문학상, 한국 싱가폴 수교 50주년 기념 수교문학상, 프랑스 파리 올림픽 개최 기념 파리아트컬렉션 문학인시화특별전시, 국회갤러리초대 개인전 3회, 청주메트로미술관 유명시화전, 대한민국건국 100주년 기념 문학상, 윤동주 문학상 대상, 오은문학 21세기 작가상, 육신문학상, 아동작가상 본상, 향촌문학 전국주부 백일장 수필 최우수상, 큰여수신문 신춘문예 시·수필·시조 당선, 한실문예창작 최고 작품작가상, 평화통일 전국글짓기 통일부장관상, 전국기자협회 2020 위대한 대한민국 국민 대상(문학부문), 문예세상 문학상, 제5회 전국여성 문학대전 대상, 대한방송언론기자연합회 세계참좋은인재 대상, 대한민국 문학발전인재 대상, 동양문학 신춘문예 시 당선, UN NGO 문학대상, 남명문화제 시화문학상 포랜컬쳐상, 시인투데이 작품상 우수상, 모산문학상 우수상, 제3회 사진문학 작품상, 시·문학 대상, 한국사진 문학상 우수상, 대한민국 문학대상(동시 부문), 아시아 문학상, 세종 문학상, Paris Ecole Award 문학 대상, 대한민국 환경문학 대상, 한국사진문학 사진시 우수상, 문예세상 문학상, 대한민국 중견시인 대표 시선집 및 문학상 공모 대상, 전국여성문예대전 시조 대상, 천성문학상 작품상, 타고르 문학상 차상, 서울 지하철 문학상, 제2회 박덕은미술관 전국 디카시 문학상 작품상, 제5회 완전공감 단시조문학상 차상, 전국 시공모 문학 대상, 세계평화국민행복연합회 무궁화

문학훈장, 문화예술훈장[작사], 한국그린문학 신춘문예 시조부문 본상, 한국노동문화국제 디카시 문학상, 디카시 문학상 동상, 모닝선데이 문학대상, 삼행시 문학상 금상, 시인투데이 신춘문예 시조 당선, 한국문학신문 문학 대상 등을 수상했다.

현재, 광주문인협회 회원, 한꿈문학회 회장, 꽃스런 문학회 회장, 법인단체 노벨재단 사무부총장, 국립NWSSU동양문학 공동저자, 명예문학박사, 향촌문학 특별운영이사, 한국사진문학협회 정회원, 천성문인협회 이사, 대한시문협 이사, 낙강시조 정회원, 오은문학 수석부회장, 계간 한국가을문학 부회장, 문화앤피플 정회원, 한실문예창작 회원 등으로 활약하고 있다.

저서로는 제1시집 『그리움 헤아리다』, 제2시집 『아버지의 강』, 시조집 『얼마나 더 깊어야 네 마음 헤아릴까』, 동시집 『혼자가 아니야』가 있다.

자, 그럼 지금부터 배종숙 시인의 시 세계로 탐색 여행을 떠나 보기로 하자.

>아득한 낙차 즐긴다는 물의 생각 불러오기 위해
>비서祕書 펼쳐 주술을 외우는
>내 생애 긴 기다림
>
>허공을 뛰어내리는 투명한 발목들이
>흐르고 흘러넘치는 방식으로
>마음속에 비가
>주르륵 주르륵 내린다

말문이 터지듯 마르지 않는 말투가
반가워 몸서리치도록
기쁘다 못해 눈물겹도록
환호하며 달려간다

속도를 모색하다 우왕좌왕하더라도
어느 방향이든 내려만 다오
한없이 주륵 주르륵

지상의 낮과 밤을 삼키며 범람하는
저 불씨가 마르도록
촉촉이 적셔다오

푸른 멍이 제 멍자국으로 서러운 노래 부르며
애타는 한 생애의 긴 기다림
가슴에 품고 싶었던 이 순간
불타는 마음 한없이 적셔다오.
- 「비여-전국의 산불을 원망하며」 전문

 이 시에서의 시적 화자는 산불을 바라보며 비가 내리길 기도하고 있다. 며칠째 산불은 산에서 방방 뛰며 이 산 저 산으로 옮겨다니며 난동을 부리고 있다. 교활한 불의 혓바닥을 놀리며 낼름낼름 나무와 집들을 삼키고 있다. 가속도가 붙은 불의 달음박질이 우듬지를 철퍼덕 주저앉히고 지붕을 까맣게 태워 버린다. 그 산불을 보며 시적 화자는 비를 소망한다. 어떤 면에서 비를 숭배하는 것은 가장 오래된 종교인지도 모른다. 봄비에 새싹이 돋고 꽃이 피고 들녘은 푸르러진다. 비가 내려 산불이라는 불의 입자들이 모두 쨍그랑 쨍그랑 깨뜨려졌으면 좋겠다. 잘디잘게 부서진 불의 입자들이 다시는 일어서지 못하도록 비가 내리면 좋겠다. 공중이 먹구름을 만나는 기분 좋은 예감이 다가오면 좋으련만, 공중의 얼굴에는 그런 기색이 없다. 먹구름의 표정을 옮기고 번개의 눈빛을 들이고 천둥의 말투를 끌어오면 좋을 텐데, 무심한 하늘은 모르는 척 딴청을 부리고 있다. 공중을 반으로 가를 듯 난폭한 번개의 눈빛이 보이고 신경질적인 천둥의 목소리가 들리면 좋겠다며, 비가 내리기를 기원하고 있다. 여기저기 번지는 산불이 진압되기를 간절히 바라는 마음이 마음속에 비를 내리게 하고 있다. 허공을 뛰어내리는 투명한 발목들이 흐르고 흘러넘치는 방식으로 비야 내려라. 말문이 터지듯 마르지 않는 말투가 반가워 몸서리치도록 비야 내려라. 속도를 모색하다 우왕좌왕하더라도 어느 방향으로든 비야 내려라. 한없이 주룩 주르륵 내려라. 지상의 낮과 밤을 삼키며 범람하는 불씨가 마르도록 비야 내려라. 푸른 멍이 제 멍자국으로 서러운 노래 부르며 비야 내려라. 애타는 한 생애의 기다림 가슴에 품고 싶었던 이 순간, 불타는 마음 한없이 적시며 비야 내려라. 전국에서 아직도 꺼지지 않고 활활 타오르는 산불에 대한 걱정과 안타까움에 기도의 화살을 쏘아 올리고 있다. 시적 화자의 간곡한 마음이 하늘에 전달되어, 소낙비가 주룩 주르륵 내려줬으면 좋겠다. 사회 곳곳에 잔재하는 걱정거리, 염원 등을 치열한 현실인식으로 인지하며 이를 시적 형상화로 표출하는 시인이 매우 믿음직스러워 보인다.

인연의 첫자리는 언제나
밀려나고 밀어내도 고정되어 있기에
꼬옥 붙잡아야 하는
하얀 사랑
그 속으로 비 내린다

한껏 들뜬 정오가 위태롭게 기울며
해 질 녘의 얼굴로 위장하는
늦은 오후 한때
목마른 향기에 취한
마음꽃 한 송이
그녀의 등뒤에 멍하니 앉아 있다

울음과 서러움과 적막이 뭉쳐 있는
무성한 잡초 걷어내고
이젠 더 아프지 않길
혼잣말로 속삭이며

피었다가 시들고 말라 버려도
새로 피어나는 꽃향기
전성기 맞이하는 뜨거운 화법으로
열정 머물던 시간에 여물어
문 열고 다가와 몸짓 되었다

텅 빈 어스름녘 망상의 방에서
아련히 들리는
저 키 작은 바람 소리
귀 기울이면 은밀히 나풀나풀

감각과 상처를 집요하게 답습한
하얀 눈빛으로

밤새 별을 동경하다
그녀 안에서만 나뒹군다.

- 「이제는」 전문

이 시에서의 시적 화자는 자신의 내면을 유심히 내려다보고 있다. 이별을 해도 내 안의 그리움은 이별과 무관하게 뜨겁게 타오른다. 어스름이 지고 적막이 드리워지면 문득 그리워진다. 그 그리움이 막무가내로 기다림을 낳고 설렘을 낳는다. 지친 일상을 위로해주는 그리움 때문인지 시적 화자는 "꼬옥 붙잡아야 하는/ 하얀 사랑"이라고 말한다. 맞다. 우리는 그리움의 힘으로 하루를 버티고 그리움의 무게로 또 하루를 살아낸다. 마음속 그리움이 없으면 이 힘든 세상을 어찌 버틴단 말인가. "인연의 첫자리는 언제나/ 밀려나고 밀어내도 고정되어 있"다고 시적 화자는 말하고 있다. 어떤 만남에도 어떤 소통에도 어떤 교감에도 인연의 첫자리는 변치 않고 있으니, 아름답지만 또 그만큼 아프다. 가고 없는 빈자리를 그리움으로 채우며 한없는 기다림을 주섬주섬 챙기며 살아가는 시적 화자의 모습에서 안타까움이 느껴진다. 그 마음을 "한껏 들뜬 정오가 위태롭게 기울며/ 해 질 녘의 얼굴로 위장하는/ 늦은 오후 한때/ 목마른 향기에 취한/ 마음꽃 한 송이"라고 말하고 있다. 표현이 아름다우면서도 슬프다. 그냥 향기가 아니다. 목마른 향기다. 그리움이 채워지지 않는 향기. 그 꽃 한 송이가 그녀의 등 뒤에 멍하니 앉아 있다니 안타깝다. 시적 화자는 자신의 하얀 사랑을 꼭 붙잡으며 그 안에서 위로받으며 잠들었을 것이다. 그 그리움 속으로 지금 비가 내린다. 그때 시적 화자는 울음과 서러움과 적막이 뭉쳐 있는 무성한 잡초 걷어내고 혼잣말로 속삭인다. 이젠 더 이상 아프지 않길. 새로 피어나는 꽃향기는 열정 머물던 시간에 여물어 문 열고 다가와 몸짓이 된다. 텅 빈 어스름녘 망상의 방에선 키 작은 바람 소리가 아련히 들려온다. 귀 기울이면 그 바람 소리는 은밀히 나풀거린다. 그 바람 소리는 밤새 하얀 눈빛으로 별을 동경하다 그녀 안에서 나뒹군다. 시적 화자의 쓸쓸한 내면이 그림처럼 선명히 그려져 있다. 이미지 구현으로 시적 형상화 해가는 솜씨가 세련되어 있다. 주제를 노출하지 않고, 이미지로 감성의 세계를 그려낼 수 있다면, 시의 특질에 한결 더 가까이 다가갈 수 있다는 걸 확인시켜 주고 있는 시라서, 멋지다.

  원효산 숲속 비단결
  친친 휘감은 햇살로
  호기심 많은 오월의 자세 같은
  오솔길 연다

  서두를수록 오르막과 내리막이
  덫을 놓고 있다는 고갯길에서
  바람의 손짓 따라
  양산의 철쭉 군락지에
  시간도 멈춰 선 긴 그리움
  그 찬란한 비상이 신비롭다

  들머리 홍룡사

양산팔경 홍룡폭포 수락이
물의 변주 쏟아놓다가
자욱한 입술 닦으며
하얀 입체로 기지개 켠다

허공의 담장 뛰어넘으며
불다 말다 잦아드는 바람
고도차 없는 멋부린 산허리

내원사 철쭉 피면
낮과 밤의 덧대어진 기억이 산다는
황백나무 오동나무 가지 사이
들려오는 검은등 뻐꾸기 소리
황조롱이의 곡예

계절의 수군거림과
시간의 지층 켜켜이 쌓인
바위 따라 뚝뚝 떨어지는 물
은사시나무 까마귀 박새 딱따구리
민달팽이 청개구리 원추리 애기똥풀 다 모아
계곡과 폭포 수려한 외모로 불리는
소금강산

식도를 열고 입맛 다시는 논에서
모내기하는 구릿빛 얼굴
늘어선 파란색 공업단지 건물
모두를 품에 안고 미소 머금어
연꽃으로 환생한 듯
나래 파닥거리는 어머니 품 천성산

이윽고 첫자리와 끝자리가

두 팔 벌려 안기는 한 줄기 빛
가슴속 비집고 들어온다.
- 「천성산의 비상」 전문

　이 시에서의 시적 화자는 천성산 산행의 정경을 시 속에 담아 놓고 있다. 천성산은 해발 920m 높이의 명산이다. 양산시 소주동, 평산동의 웅상지역과 상북면, 하북면의 경계를 이루고 있다. 천성산은 예로부터 깊은 계곡과 폭포가 많고, 경치가 빼어나 소금강산이라 불리었다. 원효대사가 이곳에서 당나라에서 건너온 1천여 명의 스님에게 화엄경을 설법하여 모두 성인이 되게 하였다고 전해져 천성산이라 불렸다고 한다. 시적 화자는 그 천성산을 예찬하고 있다. 천성산의 오솔길을 "원효산 숲속 비단결/ 친친 휘감은 햇살로/ 호기심 많은 오월의 자세 같"다고 말하고 있다. 문득 진초록 이쁜 숲의 신비로움이 궁금하다. 그 궁금증을 안고 천성산에 다가가도록 안내하고 있다. 천성산의 고갯길을 "서두를수록 오르막과 내리막이/ 덫을 놓고 있다"고 표현하고 있다. 서두르며 오르내리는 무릎들이 덫에 걸려 누구는 쉬었다 가고 누구는 무릎을 감싸며 다시 오르내렸을 것이다. 그러다가 양산의 철쭉 군락지를 만나면 시간도 멈춰 긴 그리움 속으로 들어선다. 여기서 천성산은 찬란한 비상을 한다. 진분홍 날개를 펴고 날아오른다. 그 풍경을 보며 시적 화자는 어떤 그리움 속으로 들어선다. 산은 우리의 그리움을 꺼내놓게 한다. 산처럼 맑고 아름답게 살아가라고 속삭인다. 고갯길에서 바람의 손짓을 만나고, 홍룡사에서 홍룡폭포의 기재개를 만난다. 고도차 없는 산허리도 만나고, 황조롱이의 곡예도 만난다. 황조롱이는 "낮과 밤의 덧대어진 기억이 산다는/ 황백나무 오동나무 가지 사이"에서 곡예 부리고 있다. 낮과 밤의 덧대어진 기억 덕분인지 황조롱이의 곡예는 등산객들의 눈길을 끈다. 계절의 수근거림, 수려한 외모를 자랑하는 소금강산, 모내기하는 구릿빛 얼굴, 두 팔 벌려 안기는 한 줄기 빛도 만난다. 모두를 품에 안고 미소 머금고 연꽃으로 환생한 듯 나래 파닥이는 어머니 품 천성산이 마치 눈에 본 듯 실감나게 그려져 있다. "이윽고 첫자리와 끝자리가/ 두 팔 벌려 안기는 한 줄기 빛/ 가슴속 비집고 들어"와 천성산은 시적 화자와 하나가 된다. 풍경까지도 생생하게 시적 형상화 해내는 시인의 솜씨가 세련되어 보인다. 멋스러운 시인의 시어 배치가 감동을 자아내고 있다.

    강추위로 방치된 낮과 밤에
    연두의 유적을 건설하고 싶다는
    봄의 전령사
    나풀거리는 나목은
    한없이 떨림으로 미소 머금고
    녹아들어 흐르는 낙숫물은
    저만치 토지를 저울질하고 있다

    타성에 젖은 안일한 적막의 자세와
    스스로 의문을 제기하는 불안을
    흘려야 되는지 마는지
    뼈아픈 겨울을 머리에 이고

사방을 두리번거리며
눈치본다

말하지 않아도
감각적이고 감성적인 경험은
해 질 녘의 심장을 뛰게 하기에
다 엿보고 귀기울이며

웃음 흘리며 달달하게 얼굴 맞댄 절기節氣,
그 이름 뜨겁게 호명하기 위해
오늘의 셀렘은
귓가 조롱하며
지나간 추억들을 환수한다.
- 「입춘」 전문

  이 시에서의 시적 화자는 입춘의 정경을 실감나게 그려내고 있다. 24절기 중에 입춘만큼 설레는 절기가 어디 또 있을까. 입춘은 강추위에 패대기쳐진 오전과 오후의 몸을 부축해 일어서게 한다. 무지막지한 냉기로 오전과 오후를 괴롭혀 일어설 힘도 없었을 텐데, 입춘은 일어설 힘을 북돋아준다. 몸의 절반이 흐물흐물 주저앉으려 할 때 입춘은 용기를 불어넣으며 격려해 준다. 입춘은 음력으로는 섣달에 들기도 하고 정월에 들기도 하며, 정월과 섣달에 거듭 들기도 한다. 입춘의 절기가 겨울에 들어있는 걸 보면 입춘은 기질적으로 강하다. 그 강한 기질이 겨울을 누르고 봄을 일으켜 세운 것이다. "연두의 유적을 건설하고 싶다는/ 봄의 전령사"인 입춘의 의욕과 신념이 아름답다. 입춘의 신념이 없었다면, 우리는 꽃과 나비의 아름다움을 볼 수 없었을 것이다. 봄을 끌어당기기 위해 입춘은 "강추위로 방치된 낮과 밤에" 일을 시작한다. 목표를 향해 나아가는 입춘의 저 자세, 현실의 어려움을 밀쳐내고 일어서는 입춘의 저 방식이 아름답다. 이제 나목은 떨림으로 미소 머금고, 낙숫물은 토지를 저울질하고 있다. 그러다 문득 시적 화자는 "타성에 젖은 안일한 적막의 자세와/ 스스로 의문을 제기하는 불안을/ 흘려야 되는지 마는지" 고민하며 망설인다. 목표를 향해 나아가더라도 순간 멈칫할 때가 있다. 어제의 습성에 발목 잡혀 잠시 멈출 때가 있다. 입춘도 그러했을 것이다. 안일한 적막의 자세로 어제까지 살아왔기에 스스로에게 의문을 제기하며 불안해했을 것이다. 심장에 스며드는 불안을 내려놓아야 할지 말아야 할지 고민했을 것이다. 뼈아픈 겨울을 머리에 이고 사방을 두리번거리며 자신의 방향을 잡아나갔을 것이다. 고민 끝에 시적 화자는 봄을 향해 나아간다. 감각적이고 감성적인 경험으로 노을의 심장을 뛰게 하는 봄, 웃음 흘리며 달달하게 얼굴 맞대며 설렘과 함께 지나간 추억을 환수하는 봄. 그 봄으로 나아가고 있다. 봄의 내면과 외면을 경쾌하게 그려내며 독자들의 시선을 끌어모으고 있다. 독자의 시선과 감성과 함께하는 시적 형상화, 그래야 공감대를 이끌어내어 감동의 전율을 이끌어낼 수 있다. 이는 좋은 시의 특질을 확보하는 지름길이 아닐 수 없다. 새로운 각도로 사물을 해석하고, 이를 이미지로 선명히 그려내는 전략이 시 창작에서 가장 중요하다고 강조하고 있는 듯하다.

어둠이 적막의 수위 높이는 새벽
가을 재촉하는 창밖에서
허공에 감춰둔 보고픔의 언어를
후두둑 후두둑 꺼내
그리움 감싸 안은 비가 내린다

무표정한 어제를 답습한 감정은
난해하고 왜곡됐지만
그 누구도 알아주지 않는 마음의 화롯가에
불 지펴주지 않는 고독에
오늘도 솜방망이 스쳐간다

꽃 피듯 눈 오듯 파열음 내며
지나간 추억의 소용돌이에
못다 한 생각들
부서지고 있다

삶의 오르막과 내리막을
찢어지지 않게 둥글게 말면서
물음표 던지며
저 멀리서
깨달음이 나래짓한다

자정이 넘도록 열대야를 방목하는
늦더위에 몸부림치던 이파리에게
쌀쌀한 공기주머니가
생각의 뜨락 일구며 말한다

어스름의 쓸쓸한 안부처럼
노랗게 물들어 가는 감성
나무뿌리들에 뒤엉켜도

보는 이의 질책을 받으며
　　그래도 요만큼의 무사안일이
　　이뤄져 행복하다

　　귀 열고 입가에 미소 지으며
　　시월의 소리를 거둬들이는
　　길가에 흐드러진 꽃잎들 보며
　　내일 향해 두 손 높이 든 채
　　꿈속에서 깨어나고 있다.
　　　　　　　　　　－「행복」 전문

　이 시에서의 시적 화자는 행복을 주변의 평범한 일상에서 찾아내고 있다. 매일매일 행복할 수는 없지만 행복했던 기억이 너무 먼 옛일이면 그것은 문제가 있다. 질병이 있으면 병원에서 처방전을 써주고 그 처방전으로 약을 받을 수 있다. 행복 처방전이 있으면 마음과 소통의 문제를 해결할 수 있을 텐데. 시적 화자는 그 행복 처방전을 일상의 소소함에서 스스로 찾는다. 세상은 변하지 않으니 그 세상을 바라보는 나의 관점을 변화시키면 된다. 조금은 서툴지만 행복을 찾기 위해 적극적으로 다가가는 방식이 눈에 띈다. 이 시의 시간적 배경은 새벽이다. 그 새벽에 비가 내린다. "어둠이 적막의 수위 높이는 새벽/ 가을 재촉하는 창밖에서" 비가 내린다. 그 비는 "허공에 감춰둔 보고픔의 언어를/ 후두둑 후두둑 꺼내" 내리고 있다. 비에 보고픔의 색을 입혀 화자의 그리움을 풀어놓고 있다. 그 그리움이 무엇인지 알 수 없기에 상상의 폭은 그만큼 넓어진다. 떠나버린 첫사랑일까, 불타올랐던 청춘일까, 우정으로 한 획을 그었던 학창 시절일까. 여하튼 어떤 그리움을 안고 새벽비를 바라보고 있다. 시적 화자의 감성을 열어젖히는 비는 시적 화자를 어떤 사색의 공간으로 들어서게 한다. 일상을 살아내는 건 그동안 쌓아올린 습성대로 살아가기에 "무표정한 어제를 답습한 감정은/ 난해하고 왜곡"됐을 수 있다. 그 감정의 틈에서 화자는 어떤 순간을 맞는다. "그 누구도 알아주지 않는 마음의 화롯가에/ 불 지펴주지 않는 고독에/ 오늘도 솜방망이 스쳐간다" 시인은 자신의 깊은 내면을 들여다볼 줄 알아야 한다. 스리슬쩍 스치는 생각과 감성의 편린을 알아채야 한다. 화자는 새벽비를 보면서 스쳐지나가는 어떤 감성을 놓치지 않고 바라본다. 시인의 그런 자세가 더 좋은 시를 쓰게 하는 밑거름이 될 것이다. 추억의 소용돌이에 못다한 생각들이 부서지고 있을 때, 삶의 오르막과 내리막길에서 느낀 깨달음이 나래짓할 때, 늦더위 이파리에게 쌀쌀한 공기주머니가 생각의 뜨락 일구며 말할 때, 노랗게 물들어 가는 감성이 뒤엉켜도 무사안일이 이뤄질 때, 시월의 소리 거둬들이는 길가에 흐드러진 꽃잎을 보며 꿈속에서 깨어나고 있을 때, 시적 화자는 행복을 느낀다. 사소한 것들에서 행복을 느끼는 시적 화자가 멋스럽다. 수많은 감성들 중 한 자락씩 꺼내어 그림을 그려내고, 이를 감상하고 음미하며 시적 형상화를 그려내는 시인의 솜씨에 감탄을 보낸다.

차갑고 반짝이는 체온으로

허공의 치수 재며 꽃문양 새긴
상고대 가물가물 잡히는 아침
여명을 등에 지고

생의 방향 묻는 늦가을은
사라진 꽃의 유언 전하는데
발 아래 보이는 안개가
삼켰다 뱉었다를 반복하더니
앙상한 하늘을 찌른다

여차하면 굴러떨어질 기쁨과 슬픔
캄캄하게 등에 진
오름길에 채이는 낙엽은
발자국 뗄 때마다
날쌘 바람에 곡예를 해댄다

어제와 격정의 얼굴 벗고
산의 말씀에 기댄
등산객의 눈빛 스친
가슴을 풀고 싶었을 정상

눈앞의 등줄기는
간기에 젖어 질퍽거리고
안과 밖이 한 목소리로
투명한 고백을 하는
입김은
자꾸 멀리 날아간다

내일의 속도 따라가려는
발길은
산 아래로 마냥 미끄러져 내린다

서릿발도 스스로 숨을 죽이고 말았다

　　　오랜 목마름으로 번지는
　　　갈대밭은 후들거리는 다리를
　　　겨우 땅에 기대고
　　　비실거리며 서 있다.
　　　　　　　　　　　　－「가지산」 전문

　이 시에서의 시적 화자는 가지산 산행을 하고 있다. 가지산은 울산광역시 울주군과 경상남도 밀양시, 경상북도 청도군에 걸쳐 있는 산이다. 해발 1,000m가 넘어 흔히 '영남알프스'라고 불리우는 산이다. 가지산은 볼거리가 많다. 옛날에 독실한 불교 신자가 오자 바위 구멍에서 쌀이 나왔다 하여 이름 지어진 쌀바위가 있다. 또 신라시대의 천년고찰 석남사가 가지산 동쪽 기슭에 있다. 가지산의 이름은 신라 흥덕왕 때 전라남도 보림사에서 '가지산서'라는 스님이 울산으로 와서 석남사를 지었다 하여 처음에는 석남산石南山으로 불리었다. 이후 까치산이라는 우리말로 불리워졌는데, 다시 가지산으로 불리워졌다. 다시 말해 '가'는 '까'의 음을, '지'는 '치'의 음을 빌려온 것이다. 시인은 그 가지산을 예찬하고 있다. 상고대는 나무나 풀에 내려 눈처럼 된 서리를 뜻하는 말이다. 이를 통해 우리는 시의 시간적 배경이 늦가을임을 알 수 있다. 그 상고대를 "차갑고 반짝이는 체온으로/ 허공의 치수 재며 꽃문양 새긴"으로 표현하고 있다. 쌀쌀한 날씨를 차갑고 반짝이는 체온으로 해석한 것이다. 그 체온으로 허공의 치수 재며 꽃문양 새긴다고 한다. 시가 왜 새로운 해석으로 사물을 들여다봐야 하는지를 보여주는 대목이다. 화자는 그 상고대를 바라보고 있다. 늦가을은 시적 화자에게 생의 방향을 묻고 있는데, "사라진 꽃의 유언 전하는데/ 발아래 보이는 안개가/ 삼켰다 뱉었다를 반복하더니/ 앙상한 하늘을 찌른다" 산은 우리에게 생의 좌표를 잘 설정하고 가고 있는지 묻는다. 산은 사라진 꽃의 유언을 전하며 우리에게 긍정과 희망을 향해 잘 가고 있는지 묻는다. 사라진 꽃의 유언을 통해 산은 하고픈 말을 에둘러 하고 있는 것이다. 두려움 없이 미련 없이 활짝 피어나라고, 망설이지 말고 개화하라고 말하고 있는 것이다. 오름길에 채이는 낙엽이 바람에 곡예하고 있다. 정상은 등산객의 눈빛 스친 가슴을 풀고 싶어한다. 등줄기는 질퍽거리고 입김은 멀리 날아간다. 발길은 마냥 미끄러져 내리고, 서릿발은 스스로 숨죽인다. 갈대밭은 후들거리는 다리로 비실거리며 서 있다. 이미지로 가지산을 오르고 내리며 시적 형상화를 해놓고 있어, 세련미가 돋보인다. 시의 감칠맛을 최대한 살려놓고 있다. 시를 쓰는 방향을 제시해 주는 듯하여, 자꾸 눈길이 머문다. 묵묵히 시의 길을 걸으며, 시심과 친숙하게, 시적 형상화를 아주 자연스럽게, 주제 노출보다는 이미지 구현을 통해, 시의 향기를 내뿜는 배종숙 시인, 그의 시 창작의 방향에 박수를 보낸다.

　　잠꼬대로 불어난 새벽 깨워 먼 길 달려온
　　흥정과 입담으로 마수걸이 퍼 올린

태화장 오일장은 5일 만에
돌아오는 시 군의 장날
색동옷처럼 고운 아낙네의
기다리고 기다리던 잘 저린 칼치처럼
입맛에 닿는 기다림의 날

그 누구나 기다려왔을 고유의 장날
저 한곳에선
갓 튀겨낸 소리와 바삭한 냄새가 산다는
뻥튀기 낯익은 기계음에 화들짝 놀래 심쿵하고
바다의 기억을 비린내로 저장한
생선가게의 소금기에 물들어진 아저씨 눈웃음은
한 무더기 사달라는 외침

좌판 한곳엔 어느 바다에서 왔는지 꼴뚜기 가자미
비릿한 살과 살 맞대고 누워도
짠내나게 싱싱하다는
생선들의 냉동된 모습들이 아녀자들을 불러 세운다

저 너머 한곳엔
뜨거움으로 한 생을 건너가겠다는
한여름의 더위 이겨내고 잘 컸노라고
과일향 가득히 실실이 흘리며
당도 높은 아삭아삭한 말이
무심코 지나는 소리까지 불러 세운다

집채만 한 땡볕으로 몸집을 불린
무더위에 검게 탄 상인들의 외침
풍요의 첫 주소지 같은
올 추석은 잘나가는 백화점보다

온누리 상품권으로 장마당 차지한
비록 왜소하지만
옛날 장맛 찾게 하는
할머니 할아버지 사장님
다들 정성스레 찾아가 장을 본다.

- 「오일장」 전문

  이 시에서의 시적 화자는 태화장 오일장을 실감나게 그려놓고 있다. 마트와 달리 오일장은 사람 냄새가 난다. 기계인간까지 등장해서일까, 오일장은 어머니의 그리운 품속 같다. 덤을 주고받는 그 손길과 덕담을 건네는 오후의 입술이 오일장을 더 빛나게 해주고 있다. 졸음을 털어내는 새벽이 네 바퀴에 몸을 싣고 오일장에 몸을 푼다. 그 부지런함과 성실함 때문일까. 아픔의 바닥에서 헤어나오지 못하는 사람들도 오일장에 가면 어떤 힘과 용기를 얻는다. 생의 바닥에서 나물과 건어물을 파는 주름진 손을 보면서 어떤 안간힘을 만난다. 생각해보면 우리를 있게 한 삶의 버팀목들은 모두 추운 바닥에서 버티었던 어머니의 노고 덕분이다. 그 모든 것들을 만날 수 있는 오일장을 그리고 있다. 태화장 오일장은 울산 중구를 대표하는 전통시장이다. 신도심과 구도심 가운데에 위치해 있고 영남 3대 누각 중 하나인 태화루를 끼고 있어 옛 정서를 느낄 수 있는 곳이다. 오일장은 태화동과 우정동 일대와 맞닿아 있는데 장이 서면 이면도로와 골목길까지 장이 펼쳐져 볼거리가 즐비하다. 장을 구경하려면 1시간 넘게 걸린다. 오일장은 새벽 흥정과 입담으로 마수걸이 퍼 올린 날이며 아낙네들의 입맛에 닿는 기다림의 날이다. 갓 튀겨낸 소리와 바삭한 냄새가 사는 뻥튀기, 바다의 기억을 비린내로 저장한 생선가게, 거기 소금기에 물든 아저씨의 눈웃음, 비릿한 살과 살 맞대고 누워도 짠내나게 싱싱한 생선들, 과일향 가득히 실실이 흘리며 당도 높은 아삭아삭한 말들, 무더위에 검게 탄 상인들의 외침, 왜소하지만 옛날 장맛 찾게 하는 사람들을 만날 수 있다. 과일향을 "뜨거움으로 한 생을 건너가겠다는/ 한여름의 더위 이겨내고 잘 컸노라고"와 "당도 높은 아삭아삭한 말"이라고 표현하고 있다. 과일향에 대해 다각도로 새로운 해석을 하고 있어 눈길을 끈다. 다들 찾아와 장을 보는 오일장. 시 속의 표현 하나 하나가 눈길을 끈다. 이미지 구현의 모범을 보이고 있어, 시를 읽어 가는 재미가 솔솔하다. 이미지 구현이 오일장의 현장을 생생하게 생중계하고 있는 듯하다. 시의 특질 속으로 한 걸음 더 가까이 다가가는 길을 제시해 주고 있어, 행복하다.

    따스한 관심의 첫자리
    삐끗하면
    한 움큼의 끝자리 맴돌다가
    토막 토막 잘린 감정들이
    화나서 아웅다웅
    좋아서 티격태격

    다가가려는 방향과
    물러서지 않는 안색이

저녁을 서성거린다

무엇이 문제인가
사랑의 하모니인가
한 생애 첨 만난 인연
얼마나 행복한가

오늘과 포옹
그 사이 어디쯤에서
꽃피는 동쪽은
눈뜨고 웃고 자란다

먼 날의 길벗 되어
다정히 속삭이며
아끼고 이해하고
용서하고 배려하며
때로는 원망도 하며
점차 넓혀 가는 애정길

상처에서 흘러나온
차갑고 비릿한 체온이
한 번뿐인 생
그 환절기 건너면서
향기가 되어간다.

- 「부부의 날」 전문

 이 시에서의 시적 화자는 부부의 세계를 탐구하고 있다. 부부는 어떤 사이일까. 부부는 살을 맞대고 살아, 가장 가까운 사이이지만 가장 먼 사이이기도 하다. 한 이불 속에는 아득한 천리가 숨어 있어 등을 돌리면 서로에게 가닿을 수 없다. 뜨

겹게 사랑했던 기억도 그 천리 앞에서는 맥을 못 춘다. 연애 시절의 달콤함으로 천리를 앞당기면 좋을 텐데, 서로를 향한 비난과 혐오만 주고받는다. 한 이불 속에서도 건널 수 없는 천리, 등과 등의 거리인 천리, 그 천리를 막막하게 바라보는 두 사람. 그러다가도 상대가 짠하게 느껴지면 천리는 순식간에 사라진다. 눈 깜짝할 사이에 천리는 증발하고 없다. 부부라는 관계가 참으로 오묘하다. 그 오묘함을 시적 화자는 "따스한 관심의 첫자리/ 삐끗하면/ 한 움큼의 끝자리 맴돌다가/ 토막 토막 잘린 감정들이/ 화나서 아웅다웅"이라고 표현한다. 관심의 첫자리와 막막함의 끝자리까지 부부는 팽팽하게 잡아당기며 천리를 오고간다. 티격태격하다가도 상대에게 다가가야겠다고 방향을 잡지만 자존심 때문에 "물러서지 않는 안색이/ 저녁을 서성거린"다. 저녁을 이리저리 서성이며 상처 난 마음을 다독이며 다시 다가가려는 방향으로 마음을 먹는 게 부부다. 이처럼 부부는 때때로 방향과 안색이 서로 다르다. 사랑의 하모니와 인연의 행복을 느끼면서도 서로에게 거리감을 가진다. 부부의 사이가 좋을 때는 "오늘과 포옹/ 그 사이 어디쯤에서/ 꽃피는 동쪽은/ 눈뜨고 웃고 자란"다. 둘만이 아는 웃음과 둘만이 느끼는 감성으로 꽃피는 동쪽은 자라 부부는 행복하다. 부부가 서로를 이해하고 감싸면 "먼 날의 길벗 되어/ 다정히 속삭"일 수 있다. 외롭지 않는 노년을 살아갈 수 있다. 가장 확실한 내 편이며 가장 믿음직한 내 편이 부부인 것이다. 그러기 위해서는 서로를 아끼고 이해하고 용서하고 배려해야 한다고 말한다. 점차 넓혀 가는 부부의 애정길, 생의 환절기 건너면서 서로에게 향기가 되어 가길 희망한다. 부부의 날을 맞아, 부부의 소중함, 부부로서의 여생, 사랑의 하모니, 길벗 같은 부부, 방향과 안색의 차이, 조화로운 감정들을 다각적으로 생각해 보는 기회를 갖도록 하고 있다. 시를 통해 점검해 보는 부부의 삶, 다시 한번 깊이 점검해 봐야 할 것 같다.

입술 바스락거리며 기척하는
산에선 계곡풍 불고
비 내려 우중충한데
공중에 매단 비상飛翔에서
낮과 밤이 눈뜨는
출렁다리 위에만 서면
우르르 우르르
삶이 익어 가는 소리

입술 앙다문 어둠 몰려와도
따뜻한 쉼표처럼
스치는 바람결에
인연 묶어
가만히 마주보며 부르는
저 사랑 노래

천상의 위엄 아래
아지랑이와 기다림으로 환해진다는
봄의 입꼬리에서 흘러내리는
봄향기도 화들짝

이 가슴 저 가슴 저미며
숨바꼭질한다

숲의 전성기 같은
무지갯빛 고개 너머로
발랄한 지문처럼 번지는
환상과 그리움의 첫자리
그 추억의 발길 따라
손 놓지 않는 사랑길
세상사 끝날이 와도
영원히 변치 않을
우리 우정

아득한 허공의 높이에서
같은 무게로 몸을 나누며
살며시 내리는
4월의 봄비
시샘을 뒤로한 채 나누는
다정한 정의 목소리.

- 「월영산 출렁다리」 전문

 이 시에서의 시적 화자는 월영산 출렁다리를 다녀온 느낌을 시적 형상화 해놓고 있다. 월영산은 이름 그대로 달(月)의 그림자(影)가 비친다는 뜻을 지닌 아름다운 산이다. 월영산은 충남 금산군 제원면 천내리에 자리하고 있다. 월영산 출렁다리는 월영산과 부엉산을 연결하는 다리다. 그 출렁다리 밑으로는 강이 흐르고 있다. 시적 화자가 그 출렁다리를 건너고 있는데 계곡풍이 불어오고 있다. "입술 바스락거리며 기척하는/ 산에"서 바람을 모아 입술 밖으로 내보낸 것일까. 시원한 바람을 맞으며 건너고 있다. 출렁다리를 "공중에 매단 비상飛翔"이라고 표현하고 있다. 아름다운 저 비상처럼 화자도 삶이 익어가는 소리로 비상하고 있다. 세상이 답답하면 문득 우리는 새처럼 날고 싶어한다. 그 동화 같은 상상을 이 출렁다리에서 화자는 실현하고 있다. 출렁다리 밑으로는 강물과 일상과 어제가 흐르고 있다. 그 모습을 위에서 바라보며 어떤 깨달음에 닿았을 것이다. 아웅다웅 사는 일상에서 한 발짝 떨어지는 여유를 갖고 좀더 큰 품으로 일상을 살아가야겠다는 다짐을 했을 것이다. 스치는 바람결에 인연 묶어 놓고 가만히 사랑 노래를 불러 보기도 한다. 삶의 여백이 느껴진다. "입술 앙다문 어둠 몰려와도/ 따뜻한 쉼표처럼" 삶의 여백이 있어야 한다. 그런 깨달음과 다짐을 하기 위해 우리는 산에 가고 출렁다리를 건너고 있는지도 모른다. 봄의 입꼬리에서 흘러내리는 봄향기도 만끽한다. 여기서 이 시의 시간적 배경을 알 수 있다. 봄은 "천상의 위엄 아래/ 아지랑이와 기다림으로 환해"지고 봄향기는 "화들짝/ 이 가슴 저 가슴 저미며/ 숨바꼭질"하고 있다. 봄산의 정경을 발랄하게 잘 그리고 있다. 이번에는 추억의 발길 따라 손 놓지 않는 사랑길에서 우정의 깊이도 되새겨 본다. 그 우정은 "숲의 전성기 같은/ 무지갯빛 고개 너머로/ 발랄한 지문처럼 번지는/ 환상과 그리움의 첫 자리"이다. 아름다운 우정을 멋지게 잘 표현하고 있다. 다시 봄비 속에서 다정한 정의 목소리도 품어 안는다. 월영산 출렁다리를 소재로 상념과 추억의 세계를 이끌어내는 솜씨가 자연스럽고 정교하다. 시적 분위기, 시적 형상화의 길을 친절히 안내해 주는 것 같아 눈길을 끈다.

    싱싱한 봄날이 들여놓은 연초록방
    만개한 산목련이 그 방에 몸을 푼다
    하얗게 여울지는 꽃잎 위로
    찰랑거리는 물소리
    떠돌던 한때가 숨가쁘게 일렁인다

    꽃발 든 화혼花魂이
    달빛 이부자리 얼기설기 깔면
    유폐된 그날이 걱정되어
    발목 꺾인 것도 모르고 돌아다닌 봄바람은
    그제서야 흥에 겨워 웃음 흘린다

    마음에 둔 그 사내
    환하게 들어서는데
    맹약의 낮과 밤이 주고받은 연서
    꽃빛은 달아올라 은밀히 들썩이고
    달뜨는 청춘의 노래 밤바람도 뜨겁다

    황홀한 흰빛으로
    온밤 통째로 걸어 잠그면
    꽃향은 돌고 돌아 한밤중 부푸는데
    속없는 여울물은
    졸졸졸 방문 두드리고
    숨이 멎은 별들은
    애써 모르는 척 반짝반짝 돌아앉는다.
                       - 「춘정」 전문

이 시에서의 시적 화자는 봄날의 정서를 시로 빚어내고 있다. 봄의 주머니에는 도대체 뭐가 들어있길래 이리 설레게 하는 것일까. 꽃샘추위에도 봄볕을 꾸역꾸역 그 주머니에 밀어 넣는다. 봄의 주머니에서 나온 들녘은 온통 연둣빛으로 달아 올라 설렌다. 긴긴밤을 건너 주머니에서 흘러나온 아지랑이와 봄바람으로 봄날은 온통 들썩인다. 춘곤증이라는 봄의 졸음과 하품도 봄날을 더욱 빛나게 해준다. 그 봄날은 너무나 짧디짧아 봄이 왔구나 싶다가도 봄이 금방 사라지고 만다. 만개한 기다림이 웅크린 잠에서 개나리로, 진달래로, 벚꽃으로 개화하기에 봄에는 서둘러 산과 들로 나가야 한다. 그 봄을 시적 화자는 "싱싱한 봄날이 들여놓은 연초록방/ 만개한 산목련이 그 방에 몸을 푼"다고 표현하고 있다. 연초록방에서 몸을 푸는 봄에서 새 생명을 출산하는 임산부처럼 어떤 생명력이 느껴진다. 그러고 보니 봄은 계절의 임산부이다. 봄이라는 만삭의 산모들이 숲마다 들어앉아 몸을 풀고 있다. 연두의 탯줄을 자르고 반짝반짝 새 생명을 잉태하고 있다. 그 생명력에 감탄하며 상춘객들은 산으로 들로 나간다. 귀 기울이면 앙다문 입술의 봄은 허공의 밧줄을 잡아당기며 소리를 지르는 것 같기도 하다. 양수가 터지며 꽃망울이 터지고 꽃빛이 태어난다. 바람의 산파가 줄줄이 꽃과 잎의 갓난아기를 받아낸다. 봄날의 산과 들은 눈부신 출산으로 아름답다. 싱싱한 봄날이 들여놓은 연초록방, 그곳에서 몸을 푸는 만개한 산목련, 하얗게 여울지는 꽃잎 위로 찰랑거리는 물소리가 봄을 숨가쁘게 일렁이게

한다. 꽃밭 든 화혼이 달빛 이불을 까는데 봄바람이 분다. 그 봄바람을 화자는 "유폐된 그날이 걱정되어/ 발목 꺾인 것도 모르고 돌아다닌"다라고 표현하고 있다. 깊숙이 가두어졌던 춥고 캄캄한 그날이 다시 오면 안 되기에 봄바람은 제 발목이 꺾인 것도 모르고 신바람이 나서 봄을 불러온 것이다. 봄은 다시 맹약의 낮과 밤이 주고받은 연서, 은밀히 들썩이는 꽃빛, 달뜨는 청춘의 노래 밤바람, 온밤 통째로 걸어 잠그는 황홀한 흰빛, 돌고 돌아 한밤중 부푸는 꽃향, 졸졸졸 방문 두드리는 여울물과 애써 모르는 척 반짝반짝 돌아앉는 별들로 표현되고 있다. 시의 시작은 봄의 정취를 뜻하는 춘정이지만, 뒤로 갈수록 남녀 간의 정욕 느낌으로도 다가온다. 여러 해석이 가능하게 했다. 멋지다. 표현 하나 하나가 감탄을 자아내고 있다. 시의 아름다움, 시어의 감칠맛, 시 속에 스며 있는 정서의 보드라움, 시와 친해지고 싶게 만드는 감성의 섬세함 등이 매력적이다. 이런 시어들을 배치하여, 아름다운 정서의 세계로 안내하는 시인이 참 부럽다.

 이상에서 살펴본 바처럼, 배종숙 시인의 시 세계는 시의 특질을 고루 구비하고 있다. 우선 시어의 배치가 고급스럽고 우아하다. 다채로운 감성의 세계를 아름답게 빚어 시심의 그릇에 다소곳이 올려놓고 있다. 사물과 정경에 대한 해석도 신선하다. 새로운 각도로 해석하고, 새롭게 바라보며 낯설게 하기 기법의 진수를 보여 주고 있다. 독자는 새로운 해석을 좋아한다. 자기가 만나지 못했던 새로운 해석의 세계를 만나길 희망한다. 그 속에서 자신이 체험하지 못한 세계, 감성, 느낌, 생각 들을 만나고 맛보며 행복해 한다. 또한, 배종숙 시인은 되도록 주제 노출을 절제하고, 그 대신 선명한 이미지 구현을 통해 시적 형상화를 이뤄내고 있다. 시 곳곳에 싱그러운 이미지들이 배치되어 있어, 시를 읽는 맛이 상큼하다. 감탄을 자아내는 표현들이 많아, 눈길을 잡아 끌고 있다. 그러면서, 인생을 내려다보게 하는 감동의 전율이 흐르게 해놓고 있어, 고개가 절로 끄덕여진다. 어떻게 인생을 살아가야 할까, 어떤 감성으로 여생을 대하고, 사람들을 대할까, 고민하는 현대인들에게 방향과 깃발을 제공해 주고 있어, 가슴 뿌듯하다.

  앞으로 제4, 제5시집도 펴내어, 독자의 감성 속으로 깊숙이 파고들기를 바란다. 바쁜 일상 속에서도 꾸준히 시 창작을 하여, 치열한 현실인식 위에 빚어낸 다채로운 감성 시들을 열매로 거둬들이기를 바란다. 건투를 빈다.

- 무더위와 장마가 끝나가는 계절의 끝자락에서
한실문예창작(12개 문학회) 지도 교수 박덕은
(전북대학교 문학박사, 전 전남대학교 교수
시인, 문학평론가, 소설가, 동화작가
중앙일보 신춘문예, 전남일보 신춘문예
새한일보 신춘문예, 문화앤피플 신춘문예 당선
대한시문학협회 회장, 노벨재단 이사장
광주시민단체(523개)총연합회 대표회장
박덕은 미술관 관장, 화가, 김현승 문학상
빛고을 문학상, 여수해양문학상 수상)

배종숙 제3시집
## 얼굴 붉히는 봄바람

인　　쇄　2025년 9월 12일
발　　행　2025년 9월 15일
지 은 이　배 종 숙
펴 낸 이　노 남 진
편　　집　장 숙 영
펴 낸 곳　(사)한림문학재단·도서출판 한림
　　　　　61488 광주광역시 동구 백서로125번길 11(금동)
　　　　　(062)226 - 1810(ft)·3773
　　　　　E—mail hanlim1992@kakao.com
　　　　출판등록 제1990 - 000008호(1990. 9. 14.)

ⓒ 배종숙, 2025
값 12,000원
ISBN 978-89-6441-617-4　03810

* 이 책의 판매처 : 교보문고, 예스 24, 충장서림